KB175858

나는 대한민국 외교관입니다

BEGINNER SERIES 8

I AM A DIPLOMAT

나는 대한민국 외교관입니다

외교관을 꿈꾸는 이들을 위한 직업 공감 이야기

글 민동석

크록

추천사

· 고려대학교 명예교수, 전 외무부 장관 · 주미대사, **한승주**

2005년 여름, 수천 명의 우리 교포가 사는 미국 뉴올리언스에 엄청난 재난이 닥쳤습니다. '사상 최악의 허리케인'이라 불리는 카트리나가 도시를 강타한 것입니다. 제방이 무너져 거리는 물에 잠기고, 전기와 통신이 끊기면서 약탈과 폭력이 난무하는 무법천지로 변하고 말았습니다. 미국 정부가 강제대피령을 내려 다른 나라 어느 외교관도 뉴올리언스로 들어갈 엄두를 내지 못했습니다.

하지만 그때, 대한민국의 한 외교관만은 주위에서 깜짝 놀랄 만한 선택을 했습니다. 긴급 구호팀을 이끌고 암흑 세상이 되어버린 도시 안으로 뛰어든 것입니다. 수몰의 공포 속에서 구조의 손길을 간절히 기다리고 있을 단 한 명의 교민이라도 더 구하기 위해서였습니다. 그 외교관이 바로 당시 휴스턴 총영사를 맡고 있던 민동석 대사입니다. 결과는 기적으로 이어졌습니다. 수천 명의 인명피해를 낳은 카트리나 사태 때 우리 교민은 단 한 명의 사상자도 발생하지 않았습니다.

그해 초까지 주미대사를 지냈던 나 역시 깊이 감명을 받았던 기억이 아직도 생생합니다.

외교관이란 직업은 단순히 머리로만 이해할 수 있는 직업이 아닙니다. 소신과 헌신, 용기와 결단 같은 덕목이 외교관을 완성시킨다고 생각합니다. 그런 점에서 '외교관의 모범'이라 할 만한 민 대사가 우리 젊은 세대를 위해 작심하고 책을 썼습니다. 이 책이 바로 그것입니다. 외교관으로서 그가 특별했던 만큼, 외교관이 되기 위한 지식 그 이상의 성공을 위한 지혜와 통찰이 녹아 있습니다. 이 책은 미래세대를 끔찍이 아끼는 민 대사가 우리 젊은이들에게 보내는 외교관으로의 초대장이기도 합니다. 부디 많은 젊은이가 그의 간절한 초대에 응해 더 나은 대한민국, 더 밝은 지구촌을 만들어가는 미래의 주인공이 되었으면 하는 바람입니다.

• 월드비전 세계시민학교 교장, **한비야**

"저분은 목을 내놓고 일하는구나."
10여 년 전, 국무총리 주재 회의에서 처음 민동석 차관님을
보았다. 그의 첫인상은 '용감무쌍한 검투사'였다. 그때 나는
NGO 대표로 참석했는데 매우 민감한 안건에 대해 거침없는
소신 발언에 이어 현실적인 해결책을 제시하는 모습이 무척
인상적이었다.

그 후, 유네스코한국위원회 사무총장으로 만났을 때 그는 도
움이 필요한 사람에게는 '따뜻한 휴머니스트'이자 국제무대
진출을 꿈꾸는 젊은이들의 '다정한 멘토'가 되어있었다. 그의
그런 변신이 신선하고 반가웠다. 전 세계가 K팝이나 한류에
열광하는 것과는 대조적으로, 국제구호 현장에서 보면 대한
민국의 위상이나 역량에 비교해 국제무대에서 일하는 한국인
이 놀랄 만큼 적다. 그 원인이 개인의 역량 부족이라기보다는
어떻게 준비해야 할지 모르는 정보 부족이라는 점이 늘 안타
까웠다.

다행히 이제 우리에게도 국제무대 진출을 위한 종합 안내서가 생겼다. 외교관으로 또한 국제기구에서 산전수전 공중전에 시가전까지 거친 분이 애정을 담아 꾹꾹 눌러 쓴 책이다. 원고를 읽는 내내 고마운 마음과 "나 10~20대에 이런 책이 있었다면 얼마나 좋았을까?" 하는 부러운 마음이 동시에 들었다.

앞으로 나에게 외교관이나 국제무대로의 길을 묻는 젊은 친구들에게 이 책을 선물할 생각이다. 더불어 외교관이나 국제공무원을 꿈꾸는 이들은 물론 대한민국 국민이자 세계시민의 역할을 보란 듯이 하고 싶은 한국의 모든 젊은이에게도 자신 있게 이 책을 권한다.

지금 그 꿈, 꼭 이루시길!

CONTENTS

Part 2
외교관후보자 선발시험

Part 3
성공한 외교관이란

Part 4
외교관의 일과 삶

PROLOGUE

외교부 국립외교원 앞뜰에는 한 역사적 인물의 동상이 세워져 있다. "우리 역사상 가장 유능했던 외교관 중 한 명"으로 꼽히는 고려 시대 서희 선생의 동상이다. 외교관을 양성하는 기관인 국립외교원에 서희 장군의 동상이 서 있는 이유는 무엇일까? 고려 초 거란의 대군이 '무조건 항복'을 요구하며 침공해 왔을 때, 장군은 외교 담판을 통해 거란군의 철군과 강동 6주를 고려의 영토로 편입시키는 데 지대한 공헌을 했다. 빈틈없는 논리와 적진 속에서도 굴하지 않는 배포, 그리고 송과 요 등 당대의 국제 정세를 읽어내는 혜안이 빚어낸 놀라운 외교 성과였다. 서희 선생의 경우를 보면, 한 명의 유능한 외교관이 한 나라의 국운을 좌우한다고 해도 결코 과언이 아닐 것이다.

지정학적으로 강대국에 둘러싸여 있는 우리나라. 거대한 도전에 직면해 있는 지금의 대한민국 역시 또 다른 서희 선생의 출현이 절실히 요구되는 상황이다. 북핵 문제와 그 해법을 놓고 열강의 각축전이 한반도를 무대로 벌어지고, 우리나라를 둘러싼 외교 안보환경은 갈수록 실타래처럼 복잡하게 얽혀있다. 세계경제시장도 빨간불이 켜진 건 마찬가지다. 급속히 저출생·고령화 시대에 접어든 대한민국은 성장 동력이 둔화되고 있고, 세계적인 자국우선주의와 보호무역주의 추세로 'Made in Korea'의 입지는 점차 좁아지고 있다. 특별한 자원없이 무역으로 먹고사는 우리나라에 무역장벽을 낮추고 자유무역협정FTA을 통해 경제영토를 넓히는 일은 선택의 문제가아니라 생존의 문제다.

글로벌시대에 한 국가의 생존과 번영을 위해서 외교는 선택이 아니라 필수 조건이다. 그만큼 유능한 외교 인재가 절실히필요하다. 어떠한 자질과 능력을 갖춘 인재들이 어떻게 외교를 이끌어 가느냐에 대한민국의 미래가 달려 있다고 해도 과언이 아니다. 다행히 외교관을 꿈꾸는 학생과 젊은이가 크게늘고 있다. 얼마 전까지 유네스코한국위원회 사무총장으로 일하면서 외교관이 되려는 학생들의 꿈과 열망을 많이 보았다.

강연에 나설 때마다 학생들로부터 많은 질문을 받는다. "외교관이 하는 일은 무엇인가요?" "외교관이 되려면 무엇을 준비해야 하나요?" 인터넷에는 이런 글도 있다. "선생님과 부모님은 저에게 항상 정직하라고 말씀하시고 저도 정직하려고 노력하고 있어요. 직업외교관이 꿈인데 직업외교관도 정직해야 하나요?"

내가 책을 쓰게 된 이유는 바로 이러한 궁금증을 풀어주고 이들의 꿈을 북돋우기 위해서다. 서점에 외교관의 회고록은 많이 보이지만, 아쉽게도 외교관을 꿈꾸는 학생과 젊은이에게 실질적으로 도움이 되고 길잡이 역할을 해 줄 만한 책은 찾아보기 어렵다. 이 책은 회고록이나 자서전이 아니다. 외교관에 필요한 요건과 시험을 보는 데 반드시 알아야 할 사항을 담은 '실전 지침서'이자 '꿈 계발서'이다. 외교관의 꿈을 실현하려면, 어떤 덕목과 자질을 키우고 무엇을 준비해야 하는지, 필기시험과 면접시험은 각각 어떻게 대비해야 하는지를 자세히 담았다.

아울러 외교관의 세계에 대한 이해를 돕고 꿈을 구체적으로 그려볼 수 있도록 외교부 본부와 재외공관에서 실제 벌어지는 일, 외교관으로서 겪을 수 있는 어려움과 성취감, 그 생생한 현장 이야기도 전달하고자 했다. 또 외교관을 꿈꾸는 여성들을 위해서 가정과 직장 생활을 병행하며 외교관으로 성공

할 수 있는 지혜를 실제 사례를 통해 담아냈다. 외교관이 되려면 어떤 전공을 택해야 하고 어떤 자질과 덕목을 길러야 하는지 등 자주 받는 질문에 대한 대답도 수록했다. 외교관에게 필수적인 외국어를 잘하려면 어떻게 해야 하는지에 대해서도 조언했다.

외교관이 얻는 성취감과 보람은 특별하다. 부디 이 책이 우리 미래세대가 외교관의 세계를 올바로 이해하고 꿈에 다가가는, 작지만 소중한 징검다리가 되었으면 하는 바람이다. 평생 외교관으로서 쌓은 경험과 노하우를 글 속에 녹이기 위해 밤낮없이 애쓴 이유이기도 하다. 미래의 대한민국 국립외교원에 지금 이 책을 읽고 있는 꿈나무들의 이름과 사진이 영예롭게 내걸렸으면 한다.

I am a diplomat

Part 1 외교관, 특별한 삶을 꿈꾸다

1 외교관을 꿈꾸는 사람

— 어떤 삶을 살 것인가

외교관이라고 하면 어떤 이미지가 떠오르는가? 많은 사람이 외교관 하면 외국에서 생활하면서 웅장한 관저와 화려한 파티를 상상한다. 또한, 뛰어난 외국어를 구사하며 자국의 입장을 대변하는 멋쟁이라고 생각하는 사람도 있을 것이다. 실제로 많은 젊은이가 외교관이라는 직업의 화려한 모습만 들여다보고 외교관의 꿈을 키운다. 하지만 외교현장에서 수행하는 업무는 때로 힘겹고 고독한 작업이다. 겉보기와는 달리 말로 표현하기 힘든 고충도 뒤따른다.

나 역시 외교관으로 33년간 일하면서 힘든 상황을 수없이 겪었다. 젊은 시절에는 내전 중인 우간다로 긴급 파견되어 한 달 동안 매일매일 목숨이 위험한 상황에서도 공관 폐쇄와 외교관계 단절을 막으라는 임무를 완수했다. 평생 외교관으로 일한 사람으로 외교관이 되기를 꿈꾸는 젊은이들에게 꼭 부탁하고 싶은 점이 있다. 외교관이 되는 것 자체를 목적으로 삼지 말고, 외교관으로서 어떤 삶을 살아갈 것인지에 대해서 고민해 보라고 말하고 싶다. 자신만의 방향성을 정해놓고 이를 나침반으로 삼아 한 계단씩 차근차근 올라서야 성공하는 외교관으로 성장할 수 있다.

내가 공직자의 길을 걷기로 다짐한 것은 고등학교 때였다. 당시 동아리 활동에서 도산 안창호 선생과 만난 것이 계기가 됐다. 자아 혁신과 주인의식을 강조한 도산의 삶과 철학을 접하며 나는 국가관에 눈을 떴다. 국가는 나에게 무엇인지, 내게 주어진 시간을 개인의 이득을 위해 사용할 것인지, 아니면 더 가치 있는 일을 위해 도전할 것인지 깊이 생각하게 됐다. 동아리 친구들과 앞으로 어떤 삶을 살 것인가를 두고 밤새워 토론하기도 했다. 그때 내가 생각한 '인생 직업'은 다름 아닌 외교관이었다.

대학 진학 후 외무고시를 준비했으나 번번이 실패했다. 생활고 때문에 하는 수 없이 조그마한 회사에 취업했다. 텔렉스 부품을 수입하여 완제품으로 조립해 납품하는 중소기업이었다. 몇 달간 땀을 흘리며 일하던 중 문득 30년 후 내 모습을 상상해봤다. 저 멀리 앉아 있는 임원들의 모습이 나의 미래 모습과 겹쳐지는 듯했다. 정신이 번쩍 들었다. 바로 사표를 썼다. 삶의 방향을 바꾼 중요한 결단의 순간이었다. 다시 시험을 준비해 도전했고, 마침내 이듬해 외교관으로 입문할 수 있었다.

우리의 삶은 끊임 없는 선택의 연속이다. 어떤 선택을 하느냐에 따라 우리의 운명이 달라진다. 삶의 목표와 방향을 정하지 않고 성적만 올려 대학에 진학하다 나중에 방황하는 사람이 한둘이 아니다. 한 번뿐인 소중한 나의 삶! 어떻게 살 것인가? 끊임없이 자신에게 묻고 또 물어야 한다. 나는 장차 무슨 일을 하고 싶은가? 무슨 일을 잘 할 수 있을까? 더구나 무슨 일을 하면 즐거울 수 있을까? 돈 명예 권력보다 일의 가치를 찾아 미래를 선택하기 바란다.

나라에 대한 애국심과 사명감이든 아니면 운명적 이끌림이든
여러분의 가슴을 뜨겁게 하는 열정이 있다면 주저 없이 외교
관에 도전하라고 권하고 싶다. 국가와 국민을 위해 봉사하고
나라의 운명까지도 바꿀 수 있는 특별한 직업이라면 온몸으
로 똑똑! 문을 두드려 볼 만하지 않을까?

Q1

외교관은
어떤 일을 하나요?

국가 간의 외교관계를 다루는 외교관은 가이드라인 없이 임무를 수행하지 않는다. 외교 행위는 국제적으로 공인된 규칙에 따라 이뤄진다. 그 국제 규칙을 '외교관계에 관한 비엔나협약Vienna Convention on Diplomatic Relations'이라고 한다.

비엔나협약은 한마디로 '외교 활동의 바이블'이다. 이 협약에는 외교사절의 파견부터 외교 사절의 직무, 특권 등에 이르기까지 주요 외교 활동에 대한 자세한 규정이 조항별로 담겨 있다. 그렇다면 외교관이란 과연 어떤 일을 하는 사람일까? 비엔나협약에서 규정한 외교관외교공관의 직무는 다음과 같다.

- 주재국에서 파견국을 대표한다.
- 주재국에서 파견국과 파견국 국민의 이익을 보호한다.
- 주재국 정부와 교섭한다.
- 적법한 수단에 의해 주재국에 관한 각종 정보를 조사해 본국에 보고한다.
- 주재국과 파견국 간 우호관계를 증진한다.
- 양국 간 경제, 문화 및 과학 분야 교류를 발전시킨다.

즉, 외교관이란 대한민국을 대표해 국가 간의 관계에서 우리 영토와 안보를 지키고 국민을 보호하며, 국가의 이익을 위해 일하는 국가공무원이라고 할 수 있다. 우리나라도 외무공무원법에서 외교관의 직무에 관해 '대외적으로 국가의 이익을 보호·신장하고, 외국과의 우호·경제·문화 관계를 증진하며, 재외국민을 보호·육성하는 것을 그 임무로 한다'고 규정하고 있다.

외교부는 24시간 잠들지 않는 부처다. 시차 때문이기도 하지만 그만큼 임무가 막중하다는 의미이다. 외교부 본부는 전 세계 공관에 지시를 내리고 공관은 주재국 정세를 보고하면서 본부의 지시를 이행한다. 본부가 두뇌라면 전 세계에 주재하고 있는 재외공관은 손발이라고 할 수 있다. 본부와 재외공관은 24시간 연락체제를 유지하면서 국가안보, 경제와 세일즈 외교, 재외국민 지원과 보호, 각종 정보 수집, 국제기구, 개도국과의 개발협력, 공공외교에 이르기까지 국익을 위해 혼신의 힘을 기울이고 있다. 외교관들의 활동영역이 과거보다 훨씬 넓어졌고, 한국의 국력과 위상이 올라가면서 우리 외교관들의 존재감도 더욱 커졌다.

이제 외교관이 어떤 일을 하는지 살펴보자.

외교관은 안보 지킴이

한반도는 지정학적 취약성으로 인해 중국, 러시아, 일본, 미국 등 강대국의 각축장이 되어왔다. 여기에 북한이 핵과 미사일로 우리나라의 안보를 위협하고 있다. 어떻게 우리의 안보를 지켜낼 것인가? 튼튼한 자주 국방력을 키우는 것도 중요하지만 외교를 통해 안보를 지켜야 한다. 가장 중요한 것이 한·미 동맹이다. 1953년 10월 1일 한미상호방위조약 체결로 '한·미 동맹'이 시작된 지 70년이 넘었다. 우리는 한·미 동맹을 토대로 한·일, 미·일, 한·미·일 협력을 도모하여 안보를 튼튼히 해야 한다. 이것이 바로 외교관이 담당해야 하는 역할이다.

일본과의 관계도 외교관이 풀어나가야 할 숙제이다. 일본은 지리적으로 가장 가까운 이웃이고 떼려야 뗄 수 없는 관계이다. 경제뿐만 아니라 안보적으로도 긴밀한 협력을 유지해야 한 대상이다. 한·일 관계의 과거사가 발목을 잡지 않도록 해야 한다. 일본의 식민지배를 받은 우리나라 입장에서 강제징용, 위안부 문제 등 과거사는 결코 잊을 수 없지만, 북한의 핵과 미사일로 국가의 생존이 위협받고 있는 상황에서 일본의 협력은 절대적으로 필요하다. 국제 안보정세가 요동치는 상황에서 일본과 끊임없이 갈등하며 과거에 머물기보다 외교안보를 지키는 쪽이 국익을 위해 현명한 선택일 것이다.

중국과의 외교는 어떻게 해야 할 것인가? 가장 큰 변수가 미국과 중국 간 글로벌 패권 경쟁이다. 우리는 미·중 양국으로부터 선택을 강요당하는 경우가 많다. 안보에서는 미국을 선택하고 경제에서는 중국을 선택한다는 것이 말은 그럴싸하지만 현실에서는 적용하기 어렵다. 중국을 상대로 한 외교에 있어서는 분명한 전략이 필요하다. 원칙을 갖고 의연하게 상대하는 것이다. 외교에서 안보를 최우선으로 여겨야 하는 이유

∧ 2011년 외교통상부 제2차관 시절 유엔군축회의 발언

는 나라를 지키는 데에 있다. 나라를 빼앗기면 경제도 번영도 없고 모든 것을 잃기 때문이다. 미 · 중 양국에 대해 외교적으로 모호하고 어정쩡한 입장을 취하면 오히려 양측으로부터 배척을 당하기 쉽다.

한국은 전과 달리 이제는 세계 10대 경제 대국이다. 최대교역국인 중국과의 경제 관계도 우리만 일방적으로 중국에 종속되는 구조가 아니다. 중국도 한국이 필요할 수밖에 없다. 우리가 중국에게 주장할 것은 주장하고 당당하게 요구할 것은 요구하면서 원칙 있는 외교를 할 때 중국도 한국을 함부로 대하지 못할 것이다. 북한이 핵과 미사일로 우리를 위협하고 있는 상황에서 튼튼한 한 · 미 동맹관계의 토대 위에서 안보를 최우선으로 하면서 중국과의 전략적 소통과 협력을 강화해 나가는 실리를 추구하는 것이 현명한 외교일 것이다.

러시아에 대한 외교도 마찬가지다. 러시아의 우크라이나 침공으로 국제관계가 새로운 변곡점을 맞이하고 있다. '자유 진영 대 공산 진영' 간 대립이라는 과거 냉전 시대 경쟁 구도가 나타나는 조짐도 보이고 있다. 더구나 우크라이나 전쟁 이후 북 · 중 · 러의 군사적 협력이 더 가속화된다면 우리나라의 안보에도 지대한 영향을 미치게 될 것이다. 북한의 남침으로 우리가 절체절명의 위기에 처했을 때 유엔군의 참전으로 대한민국은 살아남을 수 있었다. 우크라이나 전쟁이 결코 남의 일만은 아닌 이유다.

우리의 안보는 남이 지켜주는 것이 아니다. 한국이 더 이상

^ 우크라이나 키이유에서 개최된 체르노빌참사 25주년 정상회의

강대국들의 종속변수가 되어서는 안 된다. 한반도를 둘러싼 안보환경은 한 치 앞을 내다보기 어려운 안갯속과 같다. 대한민국의 생존이 외교관들의 어깨에 달려 있다고 해도 지나친 말이 아니다.

외교관은 영토 주권 지킴이

외교관의 가장 중요한 책무 중 하나는 우리 영토 주권을 지키는 일이다. 우리 주권을 침탈했던 일본이 또다시 독도를 넘보고 있다. 어떻게 하면 독도를 지킬 수 있을까? 일본의 의도에 말려들지 않으면서 그들의 야욕을 단호하게 물리치는 것이 우리 외교의 과제이다. 2012년 8월 이명박 대통령이 독도를 전격적으로 방문했다. 일본은 거세게 반발했고 국내에서도 찬반 논란이 뜨거웠다. 찬성하는 사람들은 우리 땅에 대통령이 방문하는 게 뭐가 문제냐는 주장을 폈다. 일본이 독도를 자기네 땅이라고 쓰고 도발을 계속하는데 우리도 단호한 대응을 해야 한다는 것이다. 반면, 반대하는 사람들은 우리가 일본이 원하는 판에 끌려 들어갔다고 주장했다.

독도에 대한 일본의 도발은 크게 세 가지다. 첫째, 한국이 독도를 '불법 점거'하고 있다는 부당한 주장을 교과서에 담아 학생들에게 가르친다. 둘째, '방위백서' '외교청서' 등 정부 간행물에 독도를 일본 영토라고 기술한다. 셋째, 일본 시마네현이 2005년 2월 22일 소위 다케시마의 날 조례를 제정해 매년 '다케시마의 날' 기념행사를 개최하고 외교차관이 참석한다. 독도를 빼앗으려는 일본의 전략은 한마디로 독도를 '분쟁지역화'하여 국제사법재판소 ICJ: International Court of Justice 에 가져가는 것이다. 일본은 교과서 왜곡 등을 통해 우리가 과도한 대응을 하도록 유발하고 이에 다시 대응하는 방법으로 국제사회에 독도가 분쟁지역이라는 인식을 확산시키고 있다. 독도가 국제분쟁지역으로 비치면 독도 문제를 ICJ에서 해결하라는 국제적인 여론이 형성될 것을 노리는 것이다.

일본의 도발에 대한 우리 정부의 입장은 확고하다. 독도는 역사적으로나 지리적으로나 국제법적으로 명백한 대한민국 고유의 영토이다. 독도에 대한 영유권 분쟁은 있을 수 없으며,

독도 문제는 외교적 교섭이나 사법적 해결의 대상이 아니다. 우리의 전략 방향은 독도를 분쟁지역으로 만들려는 일본의 시도를 철저하게 차단하고 일본의 전략에 말려 들어가지 않는 것이다. 그러려면, 일본의 도발에 단호하게 대응하되 수위 조절을 잘해야 한다. 특히 무력충돌을 일으킬 단초를 제공하지 않아야 한다. 독도에 군대를 주둔시키거나 독도 주변에서 군사훈련을 하는 것도 일본이 노리는 빌미가 될 수 있다. 독도는 한국영토이므로 경찰이 지키면 된다. 시설물 설치도 일본에 불필요한 구실을 주지 않을지 잘 따져보고 결정해야 한다. 무엇보다 독도가 분쟁지역화되는 것을 막아 일본이 국제사법재판소에 가져가지 못하게 해야 한다. 독도 문제를 ICJ에서 해결하면 안 되는 이유는 무엇일까? 독도는 우리 고유의 영토로 그 영유권을 ICJ에서 다투어야 할 이유가 조금도 없기 때문이다.

그럼, 일본은 왜 ICJ를 선호하는가. 독도가 원래 일본의 영토가 아니었으니 재판에서 져도 잃을 것이 없다. 더구나 일본은 1961년부터 지금까지 3명의 ICJ 재판관을 배출했다. 지금도 15명의 재판관 중 재판소장을 비롯해 두 명이 일본인이다. 이처럼 ICJ에서 일본의 영향력은 막대하다. 지금까지 한국인 재판관은 한 명도 없다.

우리가 독도에 대해 과도한 조치를 취하면 일본도 강경하게 대응해 올 것이다. 독도 인근에서 양국 간 긴장이 고조되어 만에 하나 물리적인 충돌로 이어지고 독도가 국제분쟁지역이라는 인식이 국제사회에 확산되면 일본은 ICJ에 제소하거나 유엔 안전보장이사회에 보고할 것이다. 이 경우 안보리는 독도 문제가 법적인 분쟁이라며 ICJ의 해결을 권고할 가능성이 크다.

하지만, 어쩔 수 없이 ICJ에 회부되는 최악의 상황에도 철저하게 대비해야 한다. 오래전부터 독도가 우리 땅임을 뒷받침하거나 일본 땅이 아님을 보여주는 고지도나 역사자료를 찾아내고 설득력 있는 국제법적 논리를 개발해야 한다. ICJ 재판에서 이길 확실한 증거자료를 축적해 두는 것이다. 이와 같은 법적인 증거와 별도로 ICJ 판사들이 우리에게 유리한 판결을 내릴 수 있도록 독도가 한국 땅이라는 인식을 국제사회에서 확산시키는 노력도 해야 한다.

정치권은 "일본이 독도에 대해 수위를 높여가는데 우리 정부가 너무 '조용한 외교'를 하고 있다"고 비판하곤 한다. 그러나 여론의 추이에 따라 감정적으로 요란하게 맞대응하다 보면 일본의 노림수에 말려 들어갈 위험이 있다. 독도는 우리가 실효적으로 지배하고 있는 대한민국의 영토이므로 우리가 주권 행사를 하면서 실효적 지배를 계속 쌓아나가는 게 중요하다. 영토를 지키는 외교는 비록 국민으로부터 박수를 받지 못하더라도 단호하게 대응하되 감정을 배제하고 현명하고 냉철해야 한다.

외교관은 재외국민 지킴이

외교관의 가장 중요한 임무 중 하나는 해외에서 우리 국민을 지키는 것이다. 전 세계 재외동포 수는 약 732만 명2021년 기준에 이른다. 그 중 외국국적 동포_{시민권자}는 481만 명이고, 재외 국민은 251만명이다. 한해 해외여행자는 3,000만 명에 가깝다. 외교관은 테러, 각종 사건 사고, 재난으로부터 국민들을 안전하게 지키고 보호하는 일에 온몸을 던져야 한다. 그 일환으로 외교부는 자연재해, 치안 정세, 테러 위협 등 각 나라의 현지 사정에 따라 단계별 여행 경보를 제공하는 해외안전여행 사이트_{www.0404.go.kr/dev/main.mofa}를 운영하고 있다. 지구촌 어느 곳에서 언제 무슨 상황이 벌어질지 모르기에 외교관은 늘 깨어 있어야 한다.

리비아 정변이 일어났던 해의 3월 어느 날, 외교부 제2차관인 나는 서울 세종로 외교부 청사에서 기업체로부터 감사패를 받았다. 리비아 정세가 악화된 그해 2월 말 외교부가 이집트항공을 설득해 해당 기업의 직원들이 카이로로 철수할 수 있도록 전세기를 마련해 준 데 대해 감사의 인사를 전하는 자리였다. 나는 답례의 말을 하다 아무 말을 이을 수가 없었다. 그 순간에도 지구촌 어딘가에서 새우잠을 자며 국가와 국민을 위해 헌신하고 있을 동료 외교관들의 모습이 떠올라 목이 메었기 때문이었다. 언론은 「외교부 고충 대변한 민동석 차관 '20초의 침묵'」이라는 기사를 썼다.

외교부와 재외공관에 국민들이 기대하는 바가 크다. 그러나 실제로 재외공관이 부족한 예산과 인력으로 인해 현지의 우리 국민을 안전하게 지키는 일이 어렵고 힘들 때가 많다. 온갖 악조건 속에서 위험을 무릅쓰고 헌신해도 사태가 무사히 넘어간다면 이를 당연하게 받아들이고, 조금이라도 잘못되면

혹독하게 비판을 받는다. 하지만, 다른 이들로부터 노고를 인정받지 못할지라도 지구촌 어디에서든 우리 국민을 지킨다는 긍지와 자부심이야말로 외교관만이 마음에 달 수 있는 빛나는 훈장이라고 생각한다.

외교관은 협상가

실제로 주재국 정부와의 교섭은 외교관이 수행하는 가장 중요한 업무 중의 하나이다. 외교관은 양국 관계를 강화하기 위한 일뿐만 아니라 국가 간의 여러 현안을 해결하기 위해 끊임없이 교섭을 한다. 이러한 현안은 우리 정책에 대한 지지 등을 다루는 정무 분야는 물론, 경제통상, 영사, 문화 등 거의 모든 분야를 포함한다. 외교관은 국익이 충돌하는 협상에서 대한민국을 대표하여 치열하게 싸운다. 나는 한 · 미 FTA 협상때 2006.2~2007.4 민감한 농업분야 고위급 대표를 맡아 세계 최대 농산물 수출국인 미국을 상대로 우리 농업의 피해를 최소화하기 위해 피를 말리는 협상을 했다.

흔히 우리나라에서는 보통 일방적으로 우리에게 유리한 협상 결과가 나와야 '잘된 협상'이라고 여기는 경향이 있는데, 정상적인 교섭 현장에서 그런 일은 절대 일어나지 않는다. 가령 우리가 다른 나라에서 물건을 팔려면 다른 나라의 물건도 우리 시장에 들어올 수 있도록 해 줘야 하는 게 세상의 이치다. 외교 전문가들은 서로 양보할 것은 양보하고 하나씩 주고받으면서 '51대 49' 정도의 결과만 끌어내도 성공적인 협상이라고 평가한다. 문제는 무엇을 주고, 무엇을 받을 것인가이다. 우리나라가 내주고 싶은 것만 내어 줄 수 있는 여건이 아니기

∧ 2007년 한 · 미 FTA 농업분야 고위급회담

때문이다. 따라서 외교관은 협상가로서 좋은 활약을 펼칠 수 있도록 세상을 보는 눈을 길러야 한다.

외교관은 공공외교 전문가

외교의 영역이 과거에는 정치, 경제, 군사 분야로 한정되어 있었다면, 이제는 예술, 문화를 포함한 국민 생활 전반의 영역으로 점차 확대되고 있다. 이에 따라 정부 간에 소통과 협상으로 이뤄지는 전통적인 의미의 외교와는 대비되는 개념인 '공공외교'가 외교 활동의 중요한 한 축으로 자리 잡고 있다. 공공외교란 외국 국민, 외국 대중과의 직접적인 소통을 통해 우리나라의 역사와 전통, 예술과 문화, 비전과 가치관 등에 대한 공감대를 넓히고 신뢰를 얻음으로써 국제사회에서 우리의 국가 이미지와 영향력을 높이는 외교 활동을 말한다. 한마디로 다양한 소통을 통해 외국 대중들의 마음을 사로잡아 우리나라의 매력을 널리 알리는 일이라고 할 수 있다.

공공외교에는 K-드라마, K-POP 등을 활용한 문화 교류, 기여 및 봉사 활동, 예술 공연 및 전시와 같은 K-문화, 한식 등 다양한 소통 방법이 활용된다. 정부뿐만 아니라 시민단체, 더 나아가 모든 국민이 공공외교의 주체가 될 수 있다. 가령, 당신이 지하철에서 길을 몰라 헤매는 외국인들에게 다가가 친절하고 정확하게 길을 안내해 준다면, 한국과 한국인에 대해 좋은 인상을 심어주는 일종의 공공외교 활동을 했다고 볼 수 있을 것이다.

주재국과의 우호관계를 증진하는 일은 재외공관의 가장 기본적인 업무라고 할 수 있다. 그런 점에서 공공외교에 대해 이해하고, 이를 다양한 방법으로 실행하는 일은 외교관의 중요한 직무 중 하나라고 볼 수 있을 것이다. 'give and take'식의 받은 만큼 되돌려준다는 원리가 외교라는 동전의 앞면이라면, 소통과 공감을 토대로 삼는 공공외교는 동전의 또 다른 한 면인 셈이다.

재외공관 외교관의 업무는
무엇인가요?

우아하게 물 위를 떠다니는 백조를 본 적이 있는가? 하지만 그 모습이 백조의 모든 것을 말해 주는 것은 아니다. 백조는 물 위에 떠 있기 위해 수면 밑에서 쉴 새 없이 발을 놀리며 헤엄을 친다. 격조 높은 파티와 만찬을 즐기는 외교관의 화려한 면모를 물 위의 우아한 백조에 비유한다면, 외교관의 드러나지 않은 일상은 수면 밑에서 쉴 새 없이 발을 놀리는 모습과 다를 바 없다. 그만큼 바쁘고 업무량도 많은 편이다.

특히 재외공관에서 근무하는 외교관의 경우 밤낮의 구별이 따로 없을 정도다. 업무 외 시간에도 사람들을 만나고 모임에 참석해야 하기 때문이다. 다람쥐가 쳇바퀴를 돌듯 정말 바쁘게 돌아간다. 우선, 매일 방대한 문서와 자료를 읽고 파악해야 한다. 외교관은 엄청난 읽을거리 속에 묻혀서 산다고 해도 과언이 아니다. 아침에 출근하자마자 본부에서 보낸 전문을 읽는 것으로 시작된다. 다른 공관에서 보내오는 전문도 읽어야 한다. 지시 내용이 있는지 파악해 이행하는 일이 급선무다. 중요도와 우선순위를 정해 대처하고 해결해야 한다. '지급'으로 보고해야 할 지시가 있으면 바로 주재국 외교부 담당자와 면담 약속부터 잡아야 한다.

∧ 주미국 대한민국 대사관

그런데 본부에서 전문만 오는 것이 아니다. 외교부는 매일 외교 관련 언론 보도 내용을 스크랩해서 보내온다. 그중에 주재국과 관련된 기사가 있는지 확인하고 추가 확인이 필요하면 주재국과 접촉해 보고해야 한다. 본부는 물론이고 전 세계에서 벌어지고 있는 우리나라 외교와 관련한 동향을 파악하지 않고서는 외교업무를 제대로 하기 어렵다. 그다음 할 일은 현지 언론을 모니터링하여 본국에 보고하는 일이다. 주재국의 동향을 파악하는 가장 일차적인 수단은 현지 신문, 방송 등 언론보도다. 필요할 경우 주재국 인사를 접촉해 보도의 진위 여부와 추가내용을 파악하고 공관의 관찰 및 평가 내용을 추가해 보고해야 한다.

외교관은 주재국은 물론, 자국에 대해서도 해박한 지식을 가져야 한다. 특정 사안에 대해 파악하려고 주재국 인사와 만날 때 우리가 궁금한 사항만 물어볼 수는 없다. 상대방이 "한국은 어떻게 하나요?"라고 물을 때 답변할 수 있어야 한다. 각종 행사나 모임에서 수많은 사람을 만나 대화를 해야 하는데, 예상되는 질문에 대답할 준비가 되어있지 않으면 낭패를 보기 쉽다. 주재국과 한국의 동향을 이해하는 것만으로는 부족하다. 평소 양국과 관련된 현안들을 속속들이 파악한 후 분명한 입장을 갖고 설명할 수 있도록 정리가 되어있어야 한다. "외교관은 끊임없이 공부해야 하는 직업"이라고 말하는 이유도 여기에 있다.

본부 지시사항을 이행하고 나면 공관 자체 사업도 진행해야 한다. 본부에서 공식 대표단이나 방문자가 오면 면담이나 행사를 주선하고 함께 가서 만나야 한다. 또한 외교관으로서 주재국 인사와의 인적 네트워크를 구축하는 일도 가장 기본적인 직무 중 하나다. 외교관은 직급에 따라 만나는 상대가 정해져 있다. 직급이 낮은 사람이 직급이 높은 사람과 공식적으로 만나기는 어려울뿐더러, 설사 만난다 해도 외교적 결례로 비칠 수 있다. 주재국 외교부 직원이 적극적으로 도와주지 않으면 현지에서 외교 활동을 제대로 하기 어렵다. 수시로 식사도 하고 취미 생활도 함께 하면서 친밀한 관계를 이어 가야 한다. 외교관에게 가장 큰 자산은 '사람'이고, 그 자산을 유지하거나 키우려면 사람들 속에서 협력하고 더불어 살아갈 수밖에 없다.

특명전권대사는
어떤 역할을 하나요?

'외교관의 꽃'은 대사다. 직업외교관이라면 누구나 언젠가 대사가 되겠다는 꿈을 가슴에 안고 산다. 대사는 국가를 대표하는 외교관이라는 의미로 공식적으로 업무를 수행할 때 차량에 태극기를 달고 움직인다. 한 번 대사가 되면 평생 명함에 'Ambassador' 호칭을 달고 살 수 있다. 대사에게는 국가원수, 장관에게 붙는 'His Excellency' 경칭을 붙이는 게 관례다. 그만큼 국제무대에서 존경의 대상이다. 평생 외교관 생활을 하다 마침내 대사로 임명받아 부임하는 직업외교관의 감회는 정말 남다를 것이다. 아마도 직업군인이 별을 달고 야전사령관으로 나갈 때와 비슷하지 않을까?

외교부 직원이 대사로 처음 나가는 시기는 5급 사무관으로 외교부에 들어온 지 대략 30년 가까이 될 때쯤이다. 대체로 본부 국장이나 심의관 보직을 마칠 즈음이다. 초임 공관장은 규모가 작은 공관의 대사나 총영사로 나간다. 여기서 공관장은 공관의 책임자로 보통 외국에 파견된 한 나라의 대사, 총영사를 말한다. 공관장을 포함해 3인 이내인 공관이 전체 160여 개 공관의 60%를 넘는다. 최근엔 외교관이 공관장 한 사람뿐인 1인 공관장도 늘고 있다. 직급이 올라갈수록 규모가 큰 공관의 공관장을 맡는다. 주미대사관이나 주일대사관은 정규 외교관만 해도 수십 명이 넘는다.

대사는 대통령이 임명한다. 미국에서는 대사도 장관처럼 상원 인사청문회를 통과해야 한다. 그만큼 국가적으로 중요한 보직으로 인식되고 있다. 대사는 보통 직업외교관 중에서 임명하지만 4강美國·日本·中國·러시아 등 주요 국가 대사는 정치적 임명Political Appointee도 한다. 대사의 공식 직함은 특명전권대사Ambassador Extraordinary and Plenipotentiary이다. 대통령으로부터 교섭에 관한 전권을 위임받은 대사라는 의미를 나타낸다.

대사의 직급은
어떻게 정해지나요?

대사에게도 직급이 존재한다. 대사의 직급, 파견 절차 등에 대해 알아보자. 외교부 본부 장·차관 아래에 최상위 직급인 14등급_{차관급}이 있다. 본부 한반도평화교섭본부장, 그리고 재외공관의 14등급 대사가 여기에 해당한다. 미국, 중국, 일본, 러시아 등 4강과 영국, 프랑스, 독일, 벨기에 겸 EU, 브라질, 인도, 유엔, OECD, 제네바 등 13 국가에 주재하는 대사가 14등급이다. 그 아래 고위공무원단 '가'등급_{일반공무원1급} 대사와 '나'등급_{일반공무원2급} 대사가 이어진다.*

대사를 파견할 때 특별히 고려해야 할 사항은 대사의 급이다. 너무 낮은 급을 파견하면 상대국이 불만을 표시하기도 한다. 상대국에 만족스럽지 못한 인물이 대사로 가게 되면 정부 고위인사 면담 등 외교 활동을 하는 데 어려움을 겪을 수밖에 없다. 국무총리를 지낸 인사를 대사로 보내는 것도 신중할 필요가 있다. 총리 출신을 보냈다가 다음에 차관 출신을 보내면 서운하게 여길 수도 있다. 중국이나 일본의 입장에서도 한국

---

* 외교부는 필요에 따라 공관별 등급(14등급, 고위공무원단 '가'등급, '나'등급)을 변경한다.

이 미국에는 총리급을 대사로 보내고 자기 나라에는 상대적으로 낮은 직급을 보내는 데 대해 어떻게 생각할까? 중국이 북한과 일본에는 차관급 인사를 대사로 보내면서 한국에는 그보다 2~3단계 아래인 부국장급을 대사로 보내는 것은 어떤 의미일까?

특명전권대사라고 하지만 요즘엔 대사의 재량권^{자율적으로 판단하여 처리하는 권한}이 과거에 비해 크게 줄었다. 대신 본부의 권한이 대폭 커졌다. 교통과 통신 기술의 발달로 본부와 재외공관 사이의 실시간 의사소통이 가능해졌기 때문이다. 본부는 세세한 사항까지 공관에 훈령을 내리고 재외공관은 본부의 훈령을 이행한다. 현지 공관장이 자체 판단이나 재량을 갖고 할 만한 일도 일일이 본부의 지시를 구하는 경우가 많다. 북한 핵 문제와 같이 국가적으로 중요한 일은 장관이 직접 챙긴다. 중요한 외교정책의 결정과 집행이 본부 주도로 이루어지고 있어 현지 대사의 재량이 갈수록 줄어들고 있다. 그렇더라도 대사의 역할은 아무리 강조해도 지나치지 않는다. 지휘는 본부에서 해도 결실을 거두어 내는 것은 현장의 대사들이다.

대한민국의 대사는 선진국은 물론이고 아시아, 중남미와 아프리카 등에서도 강한 발언권을 가지는 등 대우를 받는다. 전쟁으로 폐허가 된 나라가 눈부시게 발전하여 세계 10위권 경제를 이룬 덕분이다. 지금 이 순간에도 전 세계 160여 개 공관에 나가 있는 대사와 총영사가 국가이익을 위해 헌신적으로 뛰고 있다. 공관의 규모가 크든 작든, 주미 대사든 아프리카의 작은나라 대사든 대한민국을 대표하는 특명전권대사라는 점에 서는 차이가 없다. 모두 대한민국의 자랑스러운 국가 대표들이다.

Q5

대사를 파견할 때
어떤 절차를 거치나요?

대사를 파견하기 전에 꼭 거쳐야 하는 절차가 있다. 사전에 상대국의 동의를 구하는 일이다. 이 사전 동의를 아그레망Agre-ment이라고 한다. 상대국에 대사 내정자를 알려 주고 가부 의견을 제시할 기회를 주는 것이다. 만약 상대국에 비호감 인물을 보낸다면 그가 과연 임무를 제대로 수행할 수 있을까? 상대국 입장에서도 누가 대사로 오느냐는 매우 중요한 사항이다. 대사의 역할에 따라 양국 관계가 더 가까워질 수도 있고 오히려 더 멀어질 수도 있기 때문이다. 아그레망을 받은 다음에야 대사를 정식으로 임명할 수 있다. 아그레망을 받는 데 보통 2주 정도 걸리는데, 상대국의 관례나 사정에 따라 한 달 이상 걸리기도 한다.

아그레망을 받으면 대통령은 대사에게 신임장信任狀 Credentials을 수여한다. 대통령으로부터 전권을 위임받아 외교교섭을 할 수 있다는 일종의 보증문서이다. 신임장 수여식에는 대사의 배우자도 함께 참석한다. 해외에서 대사가 외교 활동을 할 때 배우자의 역할이 그만큼 중요하다고 여겨서다. 대사는 상대국의 국가원수에게 신임장을 제정Presentation한다. 아무리 일찍 부임하더라도 공식적인 대외활동은 신임장을 제정한 이후에 할 수 있다. 그전에는 주재국의 장관 등을 만나지 못한다. 그렇기에 하루라도 빨리 신임장을 제정하기를 원하지만, 주재국 국가원수의 일정상 늦어지는 경우가 많다. 대개 여러 명의 신임 대사들을 모아 신임장 제정식을 갖는다.

신임장 제정은 나라마다 관행이나 절차가 다르다. 대사는 신임장을 제정하기 전에 외교부 장관에게 신임장 사본을 제출하고 주재국 의전장으로부터 신임장 제정 절차에 관한 상세한 설명을 들어야 한다. 영국이나 일본 같은 입헌군주국에서는 대사와 수행원 일행이 왕실이 제공하는 화려한 마차를 타고 행사장인 왕궁으로 이동한다. 외교관으로서 가장 보람을 느낄 때다. 신임장 제정은 국가원수를 단독으로 만난다는 점에서도 특별한 의미가 있다. 장관과 달리 국가원수는 자주 만나기 어렵기 때문이다.

2

외교의 ABC
— 실전 외교관 맛보기

내가 영국에서 첫 해외 근무를 하고 있을 때였다. 월요일 아침 직원회의가 열리자마자 강영훈 대사가 "민 서기관, 우간다로 발령이 났어"라고 통보를 했다. 몇 달 후면 3년 임기를 마치고 본부에 돌아갈 것으로 기대하고 있던 나에게는 청천벽력과도 같은 통보였다. '아프리카, 그것도 내전이 격화되고 있는 우간다라니!' 가슴이 철렁했다. 회의가 끝나자마자 외신관실에 내려가 본부에서 보내온 전문을 살펴보았다. 장관의 지시는 다음과 같았다.

"우간다에 긴급 상황이 벌어졌으니 민 서기관을 급히 파견해 대응하게 하라."

당시 우간다는 내전 중이었다. 약 20만 명을 살해한 잔혹한 독재자 밀턴 오보테 정권을 상대로 무세베니^{현 대통령}가 반정부 전쟁을 벌였다. 북한은 군사교관단을 파견해 밀턴 오보테 정권을 지원하고 있었다.

국내 일간지에 우간다 내정에 관한 기사가 실렸다. 짤막한 '팩트' 기사인데도 북한은 "남한이 우간다에 적대정책을 취하

고 있다"고 모함했다. 밀턴 오보테 정권은 강석홍 주 우간다
대사를 '기피인물persona non grata'로 선언하고 일주일 안에 우간
다를 떠나라고 요구했다. 사실상 추방이나 마찬가지였다. 밀
턴 오보테 정권은 조만간 우리 대사관을 철수시키고 외교관
계도 단절할 기미까지 보였다. 우간다는 아프리카 외교 거점
국가 중 하나로 꼽힐 정도로 중요한 나라였다. 당황한 외교
부 본부가 우선 나를 '소방수'로 긴급 투입하기로 결정한 것
이다.

그때 우간다 대사관에는 대사와 세 명의 정규 외교관이 있었
다. 그런데 그중 한 명이 총상을 입고 바로 며칠 전 런던으로
긴급 후송되어왔다. 우간다 수도인 캄팔라 시내로 들어가던
중 무장 강도를 만나 한쪽 다리를 꿰뚫은 총상을 입고 차량
을 빼앗겼다고 했다. 또 한 명의 직원은 임신한 부인이 의료
시설이 극히 열악한 우간다에서 출산할 수 없어, 본부의 특별
허가를 받아 부부가 함께 조기 귀국했다. 며칠 이내에 대사가
우간다를 떠나면 참사관이 혼자 공관을 지키며 모든 일을 다
처리해야 하는 상황이었다. 내게 주어진 미션은 우간다에 가
서 참사관을 도와 공관 폐쇄와 외교관계 단절을 막으라는 것
이었다. 파견기간은 일단 한 달, 상황이 호전되지 않으면 더
연장될 수도 있었다.

나는 즉시 짐을 꾸려 케냐 나이로비를 거쳐 우간다로 향했다.
예측하기 어려운 앞날 때문에 마음이 불안하고 초조했다. 나
이로비 공항에서 이륙한 우간다행 항공기는 구식 프로펠러
비행기였다. 굉음이 나고 자꾸 기체가 흔들렸다. 자칫하면 추

락할 것만 같아 가뜩이나 불안한 마음을 더욱 옥죄었다. 긴 비행 끝에 마침내 우간다 엔테베 국제공항에 도착했다. 1976년 이스라엘에서 이륙한 에어프랑스 여객기가 공중 납치돼 중도 착륙하자 이스라엘 특공대가 특수작전을 벌여 자국민을 구출한 곳으로 유명한 공항이다. 차량으로 수도인 캄팔라 시내로 이동하는 동안 다섯 곳에서 검문을 받았다. 어떤 무장 군인은 나를 북한에서 온 사람으로 여겼는지 "나도 평양을 갔다 왔다"라고 자랑했다. 나는 아무 대꾸도 하지 않고 그저 미소 지었지만, 등에서는 식은땀이 흘렀다. 캄팔라 시내에 들어서자 AK 자동소총을 든 북한 군인들을 곳곳에서 목격할 수 있었다. 우간다는 북한의 독무대였다.

나는 대사가 출국할 때까지 호텔에 머물러야 했다. 호텔이라고 해야 단층 건물에 우리나라 여인숙보다 못한 시설이었다. '이런 데가 하루 200달러라니!' 날이 저물어 어두워지면 밖에서는 콩 볶는 듯한 거센 총격전 소리가 들려왔다. 거리에선 셰퍼드 개가 숨넘어가듯 요란하게 짖어댔다. 모기가 왱왱거리며 귓전을 맴도는데 타깃이 될까 봐 전등을 켤 수도 없다. 영국을 떠날 때부터 키니네^{말라리아 치료약}를 복용하고 있었지만, 얼마 전 파견관 부자가 말라리아에 걸렸다는 이야기를 들은 터라 불안했다. 얼른 모기를 잡아야겠다고 잠시 불을 켰는데 조도가 낮아 모기가 보일 리 없었다. 전등을 끈 후 이불을 뒤집어쓰고 잠을 청해 보았지만, 불안감과 무더위로 인해 잠을 이룰 수 없었다. 마치 창살 없는 감옥 같은 그곳에서 무려 3일을 갇혀 지내야 했다.

강석홍 대사가 우간다를 떠나자 나는 대사 운전기사와 함께 대사관저로 거처를 옮겼다. 캄팔라 밤거리는 무법천지와 같았다. 정부군과 경찰, 반군이 밤이 되면 대부분 강도로 돌변했다. 며칠 전에는 소련 무관이 강도에게 습격을 당해 온 가족이 몰살당했다고 했다. 울타리 사이로 몰래 우리 관저에 기어들어오는 도둑을 이웃집 사람이 발견하고 총을 쏘아 쫓아냈다는 무시무시한 얘기도 들었다. 참사관은 권총을 침대 밑에 두고 자고, 나는 맹수 사냥용 장총을 매일 저녁 허공을 향해 쏘아 언제 침투해올지 모르는 강도에게 경고를 보내곤 했다.

나는 대사 대리인 참사관의 지휘를 받으며 우간다 상황을 본부에 긴급 보고했다. 우간다는 전쟁터나 다름없었다. 캄팔라에서는 차만 있으면 택시 운전으로 평생 먹고 살 수 있기에 외국인 차량이 자주 강탈당했다. 하루 일을 마치고 숙소로 이동할 때에는 얼마 전 대사관 직원이 강도에게 총상을 입고 차량을 빼앗긴 도로를 이용해야 했다. 차를 탈 때마다 머리카락이 곤두서는 듯했다. 암호 전문을 수시로 본부에 보내야 하는데 그마저도 여의치 않았다. 인쇄전신 교환 장치인 텔렉스가 바늘이 부러지는 등 자주 고장을 일으켜 숙소에 가는 것을 포기하고 대사관에서 밤을 새우기 일쑤였다. 그렇게 극도의 긴장감 속에서 한 달이 지나갔다. 나는 위험한 상황에서도 마침내 공관 폐쇄와 외교관계 단절을 막으라는 임무를 완수하고 런던으로 돌아올 수 있었다.

외교부의 업무 분야와
조직구성은 어떤가요?

외교는 크게 양자외교와 다자외교로 구분한다. 양자외교는 미국, 일본, 중국 등 개별 국가와의 양자관계를 다룬다. 다자외교는 국제기구, 경제, 문화, 군축, 기후변화, 환경, 인권 등 여러 나라가 관여하는 이슈를 다룬다.

양자외교 분야는 주로 지역별로 나눈다. 크게 아시아, 북미, 중남미, 유럽, 중동, 아프리카 지역으로 나누고 업무의 중요도와 양을 고려하여 담당 조직을 세분한다. 현재 아시아는 아시아태평양국일본, 서남아시아, 대양주 등, 동북아시아국중국, 몽골 등, 아세안국으로 나눈다. 미주는 북미국과 중남미국으로 나누고, 유럽은 유럽국, 중동과 아프리카는 아프리카중동국이 관장하고 있다. 지역과 업무에 따른 조직의 구분은 필요에 따라 언제든지 바꿀 수 있다.*

다자외교는 크게 국제기구, 개발협력, 국제법률, 공공문화외교, 영사안전, 국제경제, 양자경제외교, 기후환경과학, 원자

* 예를 들어, 주로 일본을 담당하는 아시아태평양국과 주로 중국을 담당하는 동북아시아국을 통폐합할 수 있다.

력·비확산 등의 분야로 나눈다. 국제기구국은 유엔 등 국제기구, 군축, 국제안보, 테러, 인권 등을 다룬다. 개발협력국은 개발도상국에 대한 원조와 협력을 한다. 영사안전국은 재외국민 보호 업무, 영사정책, 외국인의 입국사증, 여권, 재외동포청 관련 사항 등에 관한 업무를 한다. 국제법률국은 외국과 조약을 체결하고 독도 등 우리 영토를 지키는 데 필요한 법률지원을 제공한다. 공공외교·문화국은 한류 및 문화 분야에서 국제적인 협력과 교류를 하고 공공외교를 한다. 통상 업무는 외교통상부에서 담당하였는데 2013년 3월 산업통상자원부로 이관되었다.

북한의 핵과 미사일 문제를 포함한 한반도 평화와 안보 문제는 양자외교 분야에 속하지만, 우리 안보에 매우 심각한 영향을 미치고 전문성이 필요한 일이므로 '한반도평화교섭본부'라는 별도의 조직을 만들어 업무를 수행한다. 이 조직의 최고책임자인 한반도평화교섭본부장은 남북한과 미국, 일본, 중국, 러시아가 참여하는 6자회담과 한미일 북핵수석대표협의 수석대표를 맡는다. 본부장 밑에 북핵외교기획단과 평화외교기획단을 두고 있다.

외교 활동을 잘하려면 예산과 인력이 뒷받침되어야 한다. 예산, 인력운영, 홍보, 감사, 의전 등 지원이 원활하지 않으면 외교 활동을 제대로 할 수 없음은 물론이다. 기획조정실은 예산, 인력 및 조직 운영, 국회 업무 등 지원업무를 한다. 대변인실은 언론을 통해 국민들에게 외교 활동을 알리고 소통하는 역할을 한다. '장관의 입'이라고 할 수 있는 대변인은 국민들에게 수시로 외교정책에 대해 알린다. 외교도 국민들의 공감을 얻어야 힘을 얻는데, 눈코 뜰 새 없이 바쁜 장관이 매번 외교 정책을 설명할 수 없기 때문에 대변인이 장관을 대신하여 외교정책을 알린다. 의전장실은 대통령이 외국을 방문하거나 외국 국가원수가 우리나라를 방문하여 정상회담을 하는 과정에서 의전을 담당한다. 감사관실은 외교부 본부, 재외공관, 산하기관에 대해 감사를 한다. 감사는 독립성을 보장하기 위해 장관의 직속기구로 둔다. 외교관을 교육·훈련을 시키고 외교정책을 연구하는 역할을 하는 국립외교원도 지원 부서에 속한다.

외교부의 외청으로 2023년 6월 재외동포청이 설립되었다. 재외국민을 보호하고 지원하는 일이다. 외교부의 산하기관으로는 한국국제협력단KOICA, 한국국제교류재단Korea Foundation, 재외동포재단, 한·아프리카재단 등 4개가 있다. 이 기관들은 외교부의 지침에 따라 외교 활동을 현장에서 실행한다. 한국국제협력단은 대외 무상협력에 관한 외교부의 정책을 외국 현장에서 실행한다. 한국국제교류재단은 외국에서 한국학 증진 등 한국에 대한 이해를 높이고 우호친선을 증진한다. 재외동포재단은 한인동포들이 해외 거주국에서 존경을 받는 시민으로서 주류사회에 잘 진출하여 성공하도록 돕는 일을 한다. 한·아프리카재단은 아프리카의 중요성을 감안하여 2018년 6월 설립된 조직으로 아프리카 국가들과의 교류와 협력을 높이는 일을 한다.

Q2
외교관의 직급과 직책은
어떻게 정해지나요?

외교부에는 다양한 직책이 있다. 본부에는 외교사령탑인 장관이 있고 두 명의 차관이 있다. 제1차관은 주로 양자외교를, 제2차관은 주로 다자외교를 맡는다. 차관 외에 차관급인 한반도평화교섭본부장과 국립외교원장이 있다. 장관 차관 국립외교원장은 정무직이다. 정무직이란 정치적으로 중요한 보직이라는 의미로 대통령에 책임을 지는 자리다. 한반도평화교섭본부장은 14등급이다. 장·차관과 차관급은 대통령이 임명한다.

차관 아래에는 직급상 고위공무원단 '가'급에 해당하는 실장급 직책과 고위공무원단 '나'급에 해당하는 국장급 직책이 있다.

제1차관의 하부조직으로 실장급에는 차관보, 기획조정실장, 의전장이 있고 국장급에는 아시아태평양국장, 동북아시아국장, 아세안국장, 북미국장, 중남미국장, 유럽국장, 아프리카중동국장, 조정기획관, 인사기획관, 정보관리기획관, 외교전략기획관이 있다.

57

제2차관의 하부조직으로 실장급에는 다자외교조정관, 경제외교조정관, 기후변화대사가 있고, 국장급으로는 영사안전국장, 국제기구국장, 개발협력국장, 국제법률국장, 공공문화외교국장, 국제경제국장, 양자경제외교국장, 기후환경과학외교국장, 국제안보대사, 원자력·비확산외교기획관이 있다.

차관급인 한반도평화본부장 산하조직에는 국장급인 북핵외교기획단장, 평화외교기획단장이 있고, 역시 차관급인 국립외교원장 산하조직에는 국장급인 경력교수, 기획부장, 교수부장, 외교안보연구소장 등이 있다.

장관 직속으로 실장급인 대변인과 공공외교대사, 그리고 국장급인 감사관이 있다. 실장급 직책은 직업공무원으로 올라갈 수 있는 가장 높은 직책이며 대통령이 임명한다. 국장급 직책은 외교부 장관이 임명한다. 국장은 외교부 본부에서 사실상 핵심역할을 한다. 각국은 대부분 서너 개의 과로 이루어져 있고, 각 과에는 10여 명의 직원이 있다. 국장이 수십 명의 직원을 거느리고 일하는 셈이다. 국장은 업무량이 매우 많고 지구촌 어디에서 언제 무슨 일이 일어날지 몰라 항상 긴장하며 일해야 한다. 그래서 국장으로 2년 정도 일하면 대부분 재외공관의 대사나 큰 공관의 차석대사 또는 공사로 부임한다.*

* 외교부는 필요에 따라 본부의 직급과 직책을 자주 바꾼다.

국장 아래 직책에는 심의관, 과장, 담당관이 있다. 심의관은 대부분 국별로 한 명이고 국장이 부여한 특정 업무를 수행하는 경우가 많다. 심의관은 국장 직책을 이어받거나 규모가 작은 공관의 대사 또는 총영사로 부임하기도 한다.

과장은 외교부에 들어가 처음 맡게 되는 중견관리자이다. 외교관후보자시험에 합격하여 1년간의 국립외교원 교육과정을 마치고 최종 합격하면 5등급 외교관이 된다. 8등급인 과장 또는 담당관 직책을 맡으려면 대략 15년 정도는 지나야 한다. 나이로는 보통 40대가 된다.

과장은 실무적으로 가장 열정적으로 일을 할 때다. 10여 명의 직원을 두고 실무적으로 책임을 지고 일을 하기 때문에 외교부 생활에서 가장 힘든 시기이기도 하다. 나는 전 세계 통상 관련 국제기구 업무를 담당하는 통상기구과장으로 2년, 외교부의 예산을 확보하는 임무인 기획예산담당관으로 1년, 모두 3년 동안 과장으로 일했다. 일이 많아서 토요일과 공휴일은 물론이고 매일 자정이 넘어 집에 들어올 때가 대부분이었다. 그래도 돌이켜 보면 과장 때가 가장 성취감이 컸던 것 같다. 직원들과 함께 외교정책을 만들어 상관들의 결재를 받아 시행하는 보람은 말로 표현하기 힘들다.

재외공관_{대사관, 대표부, 총영사관}에도 여러 직책이 있다. 대사관과 대표부에서는 특명전권대사, 차석대사, 공사, 공사참사관, 참사관, 1등서기관, 2등서기관, 3등서기관이 있고 총영사관에는 총영사, 부총영사, 영사, 부영사 직책이 있다. 대사는 대통령이 임명하고 공사 이하는 외교부 장관이 직책을 부여한다. 고위급 공사와 총영사 중에 일정 수준 이상의 고위급은 대통령이 임명한다. 미국, 일본, 중국, 러시아 등 규모가 큰 공관은 직원 수가 많아 위와 같은 모든 직책이 있지만 작은 공관은 대사 이하 두세 명의 외교관이 근무하는 경우도 많다. 예를 들어 대사관에 대사, 참사관, 3등서기관 3명이다. 규모가 작은 공관이라도 정무, 경제통상, 문화, 영사, 총무 등 해야 할 일은 많으니 각 외교관이 맡아야 하는 업무량이 많을 수밖에 없다.

2023년 현재 외교부 인력은 본부 972명을 포함하여 재외공관까지 모두 2,529명이다. 우리와 국력이 비슷한 다른 나라에 비해 매우 적은 편이다. 미국 국무부에는 약 2만 4,000명의 직원이 있고 국력이 작은 네덜란드도 3,000명의 외교 인력이 활동하고 있다. 일본 외무성의 인력 정원은 6,604명2023년 이어서 우리의 3배나 된다. 일본 정부는 2030년까지 현재 인원보다 20% 많은 8,000명으로 늘릴 계획이라고 한다.

Q3
대사 & 공사 & 영사
어떻게 다른가요?

우리나라 외교조직은 외교부 본부와 재외공관으로 나뉜다. 외교부 본부는 외교정책을 수립해 국회에 보고하며, 재외공관에 지시해 외교정책을 시행한다. 또 장·차관, 간부들이 직접 다른 나라나 국제기구를 방문하거나, 다른 나라 인사들을 우리나라로 초대해 외교교섭을 한다. 재외공관은 본부의 지시를 받아 주재국과 교섭을 하고 주재국과의 우호관계를 증진시킨다. 또 정치, 경제, 사회, 문화 등 여러 분야에서 정보를 수집해 본부에 보고한다. 아울러 현지 진출 기업을 지원하고 재외국민을 보호하는 역할을 한다.

전 세계에 설치된 재외공관은 2023년 10월 기준 167개이다.* 대사관Embassy 116개, 대표부Permanent Mission, 총영사관Consulate General 46개, 대표부 5개로 구성되어 있다. 대사관은 주재국에서 대한민국을 외교적으로 대표하는 작은 정부와 같다. 외교관계를 수립한 국가 중 공관을 설치하지 못한 국가에는 인근 국가에 있는 대사관이 업무를 겸임한다.

* 외교부는 30~40개 정도 재외공관 증설을 추진하고 있다.

그렇다면 대사관과 총영사관은 어떻게 다를까? 가장 큰 차이점은 총영사관의 경우 외교적으로 대한민국을 대표하지 않는다는 점이다. 대사관은 한 나라에 하나뿐이며 대개 수도에 위치한다. 반면, 총영사관은 한 국가 안에 여럿이 있을 수 있다. 총영사관은 미국의 뉴욕, 로스앤젤레스, 일본의 오사카, 중국의 상하이 등 교민이 많은 도시에 설치한다. 해외에서 우리 국민을 보호하고 지방 정부나 민간 차원의 교류와 협력, 경제 통상 등의 업무를 하기 때문이다. 총영사를 임명할 때는 대사와 달리 상대국의 사전 동의인 아그레망이나 대통령의 신임

장이 필요 없고 대통령이 임명장을 수여하기만 하면 된다. 재외공관원의 직위와 보직도 서로 다르다.

대사관과 대표부에는 대사, 차석대사, 공사, 공사참사관, 참사관, 1등서기관, 2등서기관, 3등서기관, 행정관을 둔다. 총영사관에는 총영사, 부총영사, 영사, 부영사를 둔다. 총영사관이 별도로 설치되어 있지 않은 국가나 지역에서는 대사관 직원이 영사 직함을 겸하면서 영사 업무를 수행한다_{예를 들어, 1등서기관 겸 영사}. 대표부는 국제기구가 있는 곳이나 미수교국에 설치한다. 뉴욕의 유엔, 제네바의 WTO, 파리의 OECD와 유네스코, 빈의 IAEA와 같은 국제기구와 미수교국_{타이베이}에서 대한민국을 대표한다. 국제기구 대표부의 주요 외교 대상은 국제기구 사무국과 회원국이다. 총영사관이 외교적으로 국가를 대표하는 기능이 없다고 대사관보다 격이 떨어지는 것은 아니다. 웬만한 대사관보다 규모가 크고 중요한 업무가 많은 총영사관은 선호도가 높아 그만큼 경쟁이 치열하다. 공관장으로서도 일에 대한 의욕과 열정이 많은 사람은 외교 현안이 적은 소규모 대사관의 대사보다 주요국의 총영사를 선호하는 편이다.

3   외교관의 꿈에 도전하기

— 외교관이 되는 여러 가지 길

외교관에 관해 검색했을 때 가장 많은 질문 중 하나는 '어떻게 하면 외교관이 될 수 있는가'이다. 가장 일반적인 방법은 5등급 외무공무원 공채시험, 즉 외교관후보자 선발시험을 치르는 것이다. 1, 2, 3차 시험을 통해 외교관후보자로 선발되면 국립외교원에서 1년간 정규과정을 거친다. 종합교육 성적이 '외교부 장관이 정하는 기준 이상'이면 5등급 외무공무원으로 채용된다. 그 밖에도 외교관이 되는 길은 여러 가지가 있다.

첫째, 외무영사직 공채시험이다. 3등급 외무공무원 공채시험 일반직 공무원 7급 상당에 합격하면 외교부에서 외무영사직으로 일할 수 있다. 3등급 외무공무원 공채시험은 필기시험 객관식과 면접시험 2단계로 진행된다. 외무영사직은 주로 행정, 영사 등 업무를 담당하게 되며 나중에 공관장이 되지 못하는 것은 아니지만, 외교관후보자시험을 통해 외교관이 된 사람들에 비해 승진과 보직 면에서 한계가 있다.

두 번째는 특별채용이다. 외교부는 특수외국어, 법률 등 전문 분야에서 일정한 경력을 갖춘 전문가를 경력경쟁채용시험으로 채용한다.

셋째는 주재관이다. 정부부처 공무원은 재외공관에서 주재관으로 일할 길이 열려있다. 주재관은 전문분야별로 재외공관의 외교활동을 보좌하기 위해 외교부에서 선발·파견하는 국가공무원을 지칭한다. 주재관은 직위공모 방식으로 선발하며 외교부 소속으로 신분을 바꿔 재외공관에서 3년 동안6개월 연장가능 외교관으로 근무하게 된다. 주재관의 업무 분야는 재정경제금융, 국세, 관세, 공정거래, 조달, 산업 통상 자원, 국토 해양, 특허, 환경, 해양수산, 교육, 문화홍보, 보건복지·식약, 고용노동, 경찰, 출입국, 법무·법제, 공공행정·안전, 통일·안보 등 21개 분야로 구분된다. 전에는 해당 정부 부처 공무원이 주재관으로 가는 것이 관행이었지만 이제는 일반인도 전문성을 갖추면 지원할 수 있다. 주재관이 수행하는 업무 내용은 공관별, 직위별로 매우 다양하며, 외교 수요에 따라 수시로 변화한다. 행정부처 외에 국회, 법원, 헌법재판소, 중앙선거관리위원회, 군인 및 군무원도 재외공관에 주재관을 파견한다.

넷째는 개방형 직위에 지원하는 것이다. 개방형 직위는 전문성과 경쟁력을 강화하기 위해 공직 내·외부에서 인재를 선발하는 제도이다. 외교부 본부의 개방형 직위는 기후변화대사, 감사관, 외교전략기획관과 국립외교원의 교수부장, 연구부장이다. 재외공관의 개방형 직위는 주일본·중국·독일·영국·프랑스·러시아 대사관 및 주뉴욕·LA 총영사관의 문화원장, 주일본·중국·러시아·오이시디·브라질 대사관의 공사, 주제네바 대표부의 차석대사, 주칠레·벨기에·카자흐

스탄 · 사우디아라비아 · 아르헨티나 대사관의 공사참사관, 주홍콩 · LA 총영사관의 부총영사다.

다섯째, 대통령의 특별임명을 받는 것이다. 대통령은 직업외교관 대신 친분이나 정치적인 고려로 대사를 임명하기도 한다. 보통 '정치적 임명'이라고 부른다. 외교 경험이 부족한 인물을 대사로 임명하는 경우 업무 수행능력이 떨어지는 등 많은 문제점이 드러나고 있음에도 불구하고 현실적으로 정치적 임명은 불가피해 보인다.

직업외교관career diplomat 의 꿈을 꾸는 젊은이들은 주로 외교관 후보자 선발시험에 도전한다.

Q1
외교관 채용방식과
경쟁률은 어떤가요?

외교관 채용방식의 변화

2013년은 외교관 채용방식이 일대 전환점을 맞은 해다. 1968년부터 50년 가까이 1,361명의 외교관을 배출해 낸 외무고시 시대가 막을 내리고 새로운 외교관 선발제도인 '외교관후보자 선발제도'가 첫발을 내디뎠다. 외교관후보자 선발제도는 외무고시의 한계를 극복하기 위해 도입됐다. 고시와 같은 암기형 지식측정 시험으로는 급변하고 있는 국제 환경에 대응할 역량 있는 인재를 선발하기 어렵다는 판단에서다.

외무고시가 시험을 통해 지식형 인재를 뽑는 데 그쳤다면 새로운 선발제도는 외교역량을 지닌 인재를 길러내는 데 주안점을 두었다. 과거 외무고시에선 3차 면접시험에 합격한 사람이 바로 외교관으로 임명됐다. 하지만 새로운 선발제도에서는 선발시험에 합격한 후보자가 국립외교원에서 1년간 교육을 받고 최종 평가를 통과해야 외교관으로 임용된다. 채용 예정 인원보다 많은 수150% 이내의 후보자를 시험으로 뽑은 후, 국립외교원 정규과정의 성적에 따라 일부를 반드시 탈락시키는 방식이었다. 이러한 '강제 탈락' 방식은 끝까지 경쟁을 유발해 후보자들의 역량을 끌어올리려는 취지에서 비롯됐지만, '예산과 인력 낭비'와 '비효율적'이라는 비판을 낳았다.

상대평가에서 절대평가로

이러한 점을 감안하여 2017년 12월 30일 외무공무원법을 일부 개정하여 외교관후보자 선발제도를 변경했다. 이전의 선발 방식과 달라진 점은 크게 두 가지다. 하나는 최종 채용인원보다 더 많이 선발한 뒤 일부를 반드시 탈락시키는 것은 문제가 많다고 판단하여 '채용 예정 인원수'대로 후보자를 뽑는다는 점이다.

다른 하나는 국립외교원 정규과정에서 후보자의 종합교육 성적이 외교부 장관이 정하는 '일정 기준 이상5점 만점에 3.25점'이면 외교관으로 임용한다는 점이다. 전에는 상대평가를 적용했다면 이제는 절대평가를 적용하는 것으로 바뀌었다.

경쟁률

외교관이 되는 1차 관문은 외교관후보자 선발시험에 합격하는 것이다. 그런데 후보자 선발 방식이 바뀌면서 외교관후보자 선발시험을 둘러싼 경쟁도 더 치열해졌다. 이전처럼 채용 예정 인원의 150% 이내실제로는 110% 내외 적용에서 후보자를 선발하는 게 아니라 채용 예정 인원수만큼 뽑기 때문이다. 참고로 2018년 외교관후보자 선발시험에서 '일반외교' 분야의 경쟁률은 31.1 대 1을 기록하기도 했다.

2019년도 국가공무원 5급 공채 및 외교관후보자 선발시험의 평균 경쟁률이 36.4:1로 집계됐다. 2019년 접수인원은 전년도에 비해 5.6% 줄어들었고, 경쟁률도 조금 낮아졌다.

전공이나 학과는
어디가 좋을까요?

외교관과 관련된 학과는 외교학과, 정치학과, 경제학과, 국제
학과, 법학과, 행정학과와 외국어와 관련된 학과 등이 있다.
하지만, 외교업무의 특성상 어떤 전공을 택하든 외교관에 도
전하는 데에 아무 문제가 없다. 실제로 대다수 외교관은 전공
이 매우 다양하다.

Q3
나이와
학력 제한이 있나요?

외교관후보자 선발시험은 연령 및 국적 제한이 있다. 따라서 외교관후보자 선발시험에 응시하기 위해서는 20세 이상인 대한민국 국적 소지자이어야 한다. 예를 들어, 2023년 외교관후보자 선발시험은 2003년 12월 31일 이전 출생한 대한민국 국민에게 응시자격이 있다. 다만 외교관의 정년이 60세이므로, 합격할 때 나이가 많으면 많을수록 외교관으로 일할 기간은 짧아진다. 남보다 일찍 퇴임하여 그만큼 고위직으로 올라갈 기회가 줄어드는 셈이다.

2024년부터는 외교관후보자 시험 응시 연령을 '20세 이상'에서 '18세 이상'으로 낮춘다. 고등학생도 응시할 수 있다는 의미다. 학력이나 경력은 따로 제한이 없다. 2019년 합격자 평균연령은 27.4세2018년은 26.6세 였다.

외교관과
밀접하게
일하는 기관

해외에서 외교관과 가장 밀접하게 일하는 대표적인 기관에는
대한무역투자진흥공사KOTRA, 한국국제협력단KOICA, 해외문
화홍보원, 한국관광공사 등이 있다.

대한무역투자진흥공사 KOTRA https://www.kotra.or.kr
KOTRA는 Korea Trade-Investment Promotion Agency의
약자로써 무역 진흥과 국내외 기업 간의 투자 및 산업 기술 협
력의 지원, 해외 전문인력의 유치 지원, 정부간 수출계약 등에
관한 업무를 하는 산업통상자원부 산하 정부투자기관이다. 코
트라는 84개국에 10개 지역본부와 129개 해외무역관을 두고
있으며 외교관과 긴밀하게 협력하여 일한다.

한국국제협력단 KOICA https://www.koica.go.kr
외교부 산하기관으로 개발도상국과의 우호협력관계 및
상호교류를 증진시키고 개발도상국의 빈곤감소 및 삶의
질 향상, 지속가능한 발전 및 인도주의를 실현하는 일을
하고 있다. 코이카는 전세계 51개국에서 47개 사무소,
1분사무소, 5개 주재원을 운영하고 있다.

해외문화홍보원 KOCIS https://www.kocis.go.kr
전 세계 30개국에 35개의 문화원을 만들어 한국의 아름다
운 문화를 세계에 알리고 국가 간 문화교류를 확대하고 있
다. 한국이라는 국가 브랜드 이미지를 제고하기 위해 문화
원을 거점으로, 다양한 한국문화를 확산하고자 노력한다.
또한, 한국문화에 대한 세계인들의 관심을 이끌어내고 한국
을 소개하는 간행물과 홍보영상물을 제작하는 등 한국을 바
로 알리는 노력을 하면서 외교관과 긴밀하게 협력한다.

한국관광공사 KNTO https://knto.or.kr
외국 관광객을 유치하기 위해 설립된 기관으로
전 세계 32개 지사를 운영하고 있으며 해외에서
외교관과 밀접하게 일하고 있다.

I am a diplomat

Part 2 외교관후보자 선발시험

1 제1차
시험준비

외교관후보자 선발시험은 제1차 시험 선택형 필기시험, 제2차 시험 논문형 필기시험, 제3차 시험 면접시험이 단계별로 실시된다. 제1차 시험에서는 외교관후보자 채용 예정 인원의 10배 이내 2018년의 경우 7배 가량를 뽑고, 제2차 시험에선 채용 예정 인원의 1.5배를 뽑는다. 제3차 시험에서는 채용 예정 인원수대로 후보자를 선발한다. 최종 합격한 후보자는 국립외교원에서 1년간 정규 과정 교육을 받아야 한다. 먼저 제1차 시험에 대해 살펴보자.

제1차 시험에서 필수과목은 ①공직적격성평가 PSAT: Public Service Aptitude Test, ②헌법, ③영어, ④한국사이며, 선택 또는 지정 과목은 ⑤제2외국어 능력 외교전문 분야 제외이다. 이 가운데 시험장에서 실제로 시험을 보는 과목은 ①PSAT와 ②헌법뿐이다. 영어와 제2외국어는 외국어능력검정시험 성적으로, 한국사는 한국사능력검정시험 성적으로 대체한다. 따라서 먼저 영어와 제2외국어, 한국사 등의 검정시험에서 양호한 점수를 획득해 두고, 1차 시험을 앞두고는 PSAT와 헌법에 집중하는 것이 전략적으로 필요하다.

구분	제1차 시험과목	시험장 / 외부검정시험
필수과목	PSAT 언어논리영역	시험장에서 시험
	PSAT 자료해석영역	시험장에서 시험
	PSAT 상황판단영역	시험장에서 시험
	헌법	시험장에서 시험
	영어	영어능력검정시험으로 대체
	한국사	한국사능력검정시험으로 대체
선택과목	제2외국어 (독일어, 불어, 러시아어, 중국어, 일어, 스페인어 중 1과목)	외국어능력검정시험으로 대체

무엇보다도 중요한 것은 PSAT이다. 영어, 제2외국어, 한국사는 제1차 시험의 당락에 영향을 미치지 않으므로 외부 검정기관에서 취득한 '기준 점수 이상의 성적'을 제출하면 된다. 헌법도 제1차 시험 합격선을 결정할 때 총 점수에 합산하지 않기 때문에 100점 만점25개 문항 중 60점 이상을 얻어 '패스Pass'만 하면 된다. 결국 제1차 시험의 당락을 결정짓는 것은 PSAT 성적이다. PSAT는 공직수행에 필요한 종합적 사고력을 검정하는 선택형 필기시험이다. 평가과목은 ①언어논리영역, ②자료해석영역, ③상황판단영역 3개다. 각 과목은 각각 40문항, 100점 만점이며, 한 문제당 배점은 2.5점이다. 3개의 평가과목을 살펴보면 다음과 같다.

① 언어논리영역: 문장의 구성이나 이해력, 표현력, 논리적 사고력 등을 측정해 대인관계 의사소통 등 직무수행에 필수적인 능력을 평가한다. 지문제시문 분량이 많은 문제가 대부분이

므로 지문을 읽고 문맥을 빨리 파악하는 것이 중요하다.

② 자료해석영역: 기초 통계, 수 처리, 응용 계산, 수학적 추리, 정보화 등의 능력을 평가한다. 도표나 통계 데이터 등을 제시하고, 해당 표나 데이터를 분석 및 해석, 응용해 푸는 유형의 문제가 많다. 시험장에서 계산기를 사용할 수 없다.

③ 상황판단영역: 연역추리력, 문제해결, 판단, 의사결정 능력을 측정해 기획, 분석, 평가 등의 업무수행에 필수적인 능력을 평가한다. 논리게임, 언어 추리 등 다양한 유형의 문제가 출제되며 지문 분량이 많은 편이다.

외교관후보자 선발시험은 제1차 시험에서 각 과목 만점의 40% 이상, 전 과목 총점의 60% 이상 득점하지 못하면 불합격 처리된다. 제1차 시험 점수는 사실상 PSAT 점수와 마찬가지이므로, 일단 언어논리-자료해석-상황판단 3개 과목에서 각각 40점 이상을 받아야 한다. 또한, 이 3개 과목의 점수 합계가 180점60%을 넘어야 불합격을 면한다.

참고로 2019년 선발시험의 경우, 제1차 시험에서 일반외교 분야의 합격선은 71.66점, 합격자는 224명이었다. 합격자들의 제1차 시험 평균 점수를 살펴보면 95점 이상과 90~95점 미만은 없었고, 85~90점 미만 4명, 80~85점 미만이 35명에 불과했다. PSAT가 얼마나 어려운 과목인지 시험 결과가 보여주는 셈이다.

제1차 시험 시간표는 다음과 같다.

구분	시험시간		시험과목 등
수험생 방송 안내	09:30 ~ 10:00	30분	09:30까지 시험실 입실 소지품 검사, 답안지 배부 등
1교시 시험	10:00 ~ 10:25	25분	헌법
	10:25 ~ 11:55	90분	언어논리영역
중식	11:55 ~ 13:30	95분	13:30까지 시험실 입실
2교시 수험생 안내	13:30 ~ 13:45	15분	소지품 검사, 답안지 배부 등
2교시 시험	13:45 ~ 15:15	90분	자료해석영역
휴식	15:15 ~ 15:45	30분	15:45까지 시험실 입실
3교시 수험생 안내	15:45 ~ 16:00	15분	소지품 검사, 답안지 배부 등
3교시 시험	16:00 ~ 17:30	90분	상황판단영역

Q1
PSAT 전략
어떻게 짜야 할까요?

PSAT에서 합격선 이상의 점수를 얻으려면 자신에게 적합한 공부 전략이 꼭 필요하다. PSAT 전문가들과 합격자들이 말하는 수험 전략을 정리해 보면 크게 3가지로 요약할 수 있다.

기출문제를 최대한 많이 풀어 보기

PSAT는 많은 사전 지식을 필요로 하는 시험이 아니라 지문을 제시한 뒤 이를 토대로 사고력과 이해력, 추리력과 판단력 등을 종합적으로 검증하는 시험이다. 각 과목당 90분이라는 제한 시간 안에 40문항의 문제를 풀어야 한다. 시험 방식과 문제의 유형에 익숙하지 않으면 좋은 결과를 기대하기 어렵다. 반면, 기출문제를 많이 풀면 문제의 패턴과 출제 의도를 빨리 파악할 수 있어 유리하다. 덤으로 문제를 푸는 감과 요령도 얻을 수 있다. 무엇보다도 기출문제를 풀 때는 '실전처럼' 해야 효과가 크다. 90분으로 시간을 정해놓고 실제 시험장에서 시험을 치르듯 시간을 배치해 문제를 풀어야 한다.

기출문제를 푼 다음에는 틀린 문제에 대해 반드시 되짚어 봐야 한다. 왜 틀렸는지 철저하게 분석해 문제의 유형과 원리, 적절한 해법을 파악해야 한다. 이런 과정을 거치지 않으면 그

다음에도 비슷한 유형의 문제를 틀릴 가능성이 크다. 특히 상당수 응시자들이 가장 어렵게 느끼는 자료해석영역의 경우, 기출문제를 반복해 풀며 계산 능력과 응용력을 함께 끌어올려야 한다.

전문학원이나 스터디 모임 활용하기

PSAT는 3개 영역으로 구성되어 있고 각 영역마다 다양한 문제 유형이 존재한다. 혼자서 모든 유형을 파악하고 각 유형의 원리와 풀이 방법을 소화하기는 쉽지 않다. 특히 상황판단영역은 언어논리 및 자료해석영역을 합쳐 놓은 듯 복합적인 문제가 많아 응시생들이 애를 먹는다. 만약 자신이 잘 모르는 유형의 문제에 대해 원리와 풀이 요령을 짚어 줄 도우미가 있다면 공부 효율을 더 높일 수 있을 것이다. 이를 위해 PSAT 전문학원을 다니거나 스터디 그룹을 만들어 공부하는 것도 좋은 방법이다. 전문학원에서는 각 영역의 문제 유형과 출제 의도, 풀이 방식을 좀 더 체계적으로 익힐 수 있다. 스터디 그룹을 통해서는 자신이 취약한 유형의 문제에 대해 서로 도움을 주고받을 수 있다. 고독하고 힘든 수험준비 기간에 서로에게 격려와 위로가 된다는 점도 장점이다.

'선택과 집중' 연습하기

제1차 시험은 3교시에 걸쳐 치러진다. 1교시에는 헌법25분과 언어논리영역90분, 2교시에는 자료해석영역90분, 3교시에는 상황판단영역 과목90분 시험을 본다. 그런데 3개 영역의 시험 문제지를 처음 받으면 숨이 턱 막힐 정도다. 각 영역의 문제지 분량만 20쪽에 달하기 때문이다.

각 영역당 90분 동안 40문제를 풀어야 하니 한 문제에 2분 15초 이상 쓸 수 없는 셈이다. 검토하고 옮겨 적는 시간을 감안하면 적어도 한 문제를 2분 안에 풀어야 한다. 역시 적절한 시간 안배가 중요하다. 한두 문제를 푸느라 너무 지체하면, 시간에 쫓겨 정작 쉬운 문제들을 놓치기 쉽다. 특히 PSAT에는 풀이 시간이 오래 걸리는 유형의 문제가 많아 '선택과 집중' 전략이 필요하다. 모든 문제를 다 맞히면 가장 좋겠지만 2019년 제1차 시험 합격선에서 보듯 현실은 녹록하지 않다. 1차 시험 합격자 중상위 10%도 각 영역당 문제 3~6개씩은 틀렸다. 문제가 안 풀리면 미련을 버리고 과감하게 다음 문제로 넘어가야 한다.

유형이 눈에 익은 문제, 자신 있는 문제부터 풀고 그다음 어려운 문제에 접근하라는 것이다. 시간이 남으면 다시 이 문제에 되돌아올 기회가 있다. 평소 기출문제를 풀 때도 반드시 잘 안 풀리는 문제를 뛰어넘는 훈련을 해야 한다. 그냥 지나친 문제에는 뚜렷이 표시를 남겨 나중에 혼동하지 않도록 해야 한다. 이처럼 '선택과 집중'을 훈련한 사람과 하지 않은 사람의 차이는 시험 결과로 나타난다. 시험장에서 너무 긴장하면 집중력이 오히려 떨어지니 자기 나름대로 평정심을 기르는 훈련을 할 필요도 있다.

Q2

헌법은 어떻게 공부하면
좋을까요?

헌법은 제1차 시험에서 1교시에 첫 번째로 치르는 시험과목이다. 헌법 과목은 '60점 패스Pass 제'가 적용된다. 25분간 25문항100점 만점을 풀어 60점 이상을 획득하면 합격패스이다. 앞에서 밝혔듯이 제1차 시험 합격선을 결정할 때 헌법 과목 점수는 합산하지 않는다. 따라서 헌법 공부에 투입하는 시간을 최소화하면서 합격권 이상의 안정적인 점수를 올릴 수 있는 '패스' 전략이 필요하다. 단, 헌법에서 '패스'하지 못하면 제1차 시험도 불합격이라는 점을 명심해야 한다. 헌법은 100점을 목표로 할 필요는 없지만 80점 정도를 목표로 공부하는 것이 좋다.

〈문제〉

[예시] 2018년 기출문제 (나 책형)

문1. 조약과 일반적으로 승인된 국제법규에 대한 설명으로 옳지 않은 것은? (다툼이 있는 경우 판례에 의함)

① 전 세계적으로 양심적 병역거부권의 보장에 관한 국제관습법이 형성되었다고 할 수 없어 양심적 병역거부가 일반적으로 승인된 국제법규로서 우리나라에 수용될 수 없다.

② 법률적 효력을 갖는 조약은 헌법재판소의 위헌법률심판의 대상이 될 수 있다.

③ 주권의 제약에 관한 조약은 체결할 수 없다.

④ 조약안은 국무회의의 심의를 거쳐야 한다.

헌법은 본문 130조, 부칙 6조로 구성된 대한민국의 근본법이다. 다른 법령에 비해 조문은 많지 않지만 결코 쉬운 과목이 아니다. 국가의 통치이념과 원리, 국민의 권리와 의무, 국회와 정부, 헌법재판소 등 국가기관을 운영하는 기본 원칙, 선거 관리, 지방자치, 경제 등을 모두 아우르는 최고의 법이기 때문이다.

헌법은 법을 전공한 사람이 아니면 대학에서 배울 기회가 거의 없으니 혼자 공부하기보다 전문학원에서 수강하기를 권한다. 다만, 제1차 시험을 준비할 때 어느 수준까지 공부해야 할지 정하는 것이 중요하다. 법원행시^{행정고등고시}의 헌법, 변시^{변호사시험}의 공법 과목 수준은 외교관후보자 시험의 헌법 과목 수준보다 높기 때문이다. 외교관후보자 시험 응시자들은 그 정도까지 깊게 공부할 필요는 없다. 전문 강사에게서 적절한 수준의 교재와 공부 범위에 대해 정보를 얻는 게 유리하다.

헌법은 조문과 이론을 먼저 잘 익혀야 한다. 이론 자체가 시험에 많이 나오지 않으나 이론을 알지 못하면 판례를 이해할 수 없다. 헌법 시험문제의 70% 이상이 판례에서 나온다. 사례별로 위헌이냐 합헌이냐, 판시 이유가 무엇이냐 등을 물어보는 문항이 많다. 최근의 위헌과 합헌 판례들은 암기해 두는 게 좋다.

헌법부속법률도 시험 범위에 들어간다. 부속법률은 매우 까다롭다. 정부조직법, 지방자치법, 국회법, 헌법재판소법, 정당법, 정치자금법 등 범위가 워낙 넓어 다 공부하기도 어렵다. 부속법률에 많은 시간을 투자할 필요는 없다. 법률전문직이 아니라 외무공무원 지원자가 치르는 시험이므로 난도가 비교적 높지 않다. 기출문제 등을 통해 정부조직법, 지방자치법, 국회법 등 시험에 많이 나오는 법과 출제 경향을 파악해 둘 필요가 있다.

헌법 과목은 교재를 잘 선택해야 한다. 여러 교재로 공부하기보다 시험 수준에 맞는 한 권의 교재를 선택하여 완전히 자기 것으로 만들 때까지 반복하여 공부하는 것이 좋다. 아울러 기출문제 풀이를 병행한다면 헌법 과목에 대한 부담을 한결 덜 수 있을 것이다.

Q3
외부 검정시험 대체 과목은
어떻게 준비할까요?

영어

영어 과목은 영어능력검정시험 성적으로 대체한다. 단, 해당 영어시험이 외교관후보자 선발시험 예정일로부터 역산해 3년이 되는 해의 1월 1일 이후에 실시된 것이어야 한다. 예를 들어 2020년도 시험에 응시하는 사람은 2017년 1월 1일 이후 실시된 영어시험 성적을 사이버국가고시센터를 통해 미리 등록하거나, 응시원서를 접수할 때 제출해야 한다.

다만, 자체 유효기간이 2년인 시험 _{토익, 토플, 텝스 등}의 경우에는 유효기간이 경과되면 시행기관으로부터 성적을 조회할 수 없어 진위여부가 확인되지 않는다. 따라서 영어능력검정시험의 유효기간이 만료될 예정인 경우, '사전등록' 제도를 통해 유효기간을 5년 _{5년이 되는 해의 말일} 까지 연장해두어야 한다. '사전등록'은 사이버국가고시센터-[마이페이지]-[영어/외국어성적 사전등록] 페이지에서 할 수 있다. 아울러 원서접수 시에는 영어능력검정시험 성적이 없어도 원서접수가 가능하지만, 원서접수 후 필기시험 전날까지 발표되는 성적은 추가등록기간에 반드시 등록해야 한다.

제1차 시험에서 요구하는 영어의 기준 점수는 시험 기관별로 다음과 같다.

시험명	TOEFL		TOEIC	TEPS		G-TELP	FLEX
	PBT	IBT		2018.5.12. 이전	2018.5.12. 이후		
일반	590	97	870	800	452	88 (level2)	800
청각 2·3급	392	−	430	476	271	−	480

제2외국어

일반외교 분야 응시자는 독일어, 불어, 러시아어, 중국어, 일어, 스페인어 중 한 과목을 선택하면 된다.

일반외교 분야 제2외국어 기준 점수는 아래와 같다.

	시험 종류	기준 점수
독어	스널트(SNULT)	60점 이상
	플렉스(FLEX)	750점 이상
	독일어능력시험(Test DAF)	수준 3 이상
	괴테어학검정시험(Goethe Zertifikat)	GZ B2 이상
불어	스널트(SNULT)	60점 이상
	플렉스(FLEX)	750점 이상
	델프/달프(DELF/DALF)	DELF B2 이상
러시아어	스널트(SNULT)	60점 이상
	플렉스(FLEX)	750점 이상
	토르플(TORFL)	1단계 이상
중국어	스널트(SNULT)	60점 이상
	플렉스(FLEX)	750점 이상
	한어수평고시(신HSK)	5급 210점 이상

	스널트(SNULT)	60점 이상
일어	플렉스(FLEX)	750점 이상
	일본어능력시험(JPT)	740점 이상
	일본어능력시험(JLPT)	N2 150점 이상
스페인어	스널트(SNULT)	60점 이상
	플렉스(FLEX)	750점 이상
	델레(DELE)	B2 이상

※ 청각장애 2 · 3급의 경우 듣기 부분을 제외한 점수가 SNULT 30점, FLEX 450점 이상이어야 함

※ 기준점 수에서 정한 등급보다 난도가 높은 등급으로 외국어 선택과목 시험을 대체하는 경우 해당 등급에 합격하기 위한 점수 이상을 득점하여야 함. 이하 같음(예: JLPT N1 100점)

한국사

한국사 과목은 한국사능력검정시험으로 대체한다. 응시자는 국사편찬위원회가 시행하는 한국사능력검정시험을 치러 2급 60~69점 이상의 성적표를 응시원서를 접수할 때 제출해야 한다. 단, 최종 시험 시행예정일로부터 역산해 3년이 되는 해의 1월 1일 이후 실시 된 시험성적만 인정된다.

한국사 검정시험은 고급1, 2급 중급3, 4급 초급5, 6급 등 3개의 평가등급으로 구분해 연간 4회, 분기에 한 번씩 실시된다. 외교관후보자 선발시험 및 5급 공무원 공채시험 응시자는 이 중 '고급' 등급 시험에서 60점 이상의 점수를 얻어야 한다. 시험은 50문항, 100점 만점으로 구성되며 문항별로 1~3점이 차등 배점된다각 문항에 배점이 표시된다. 고급 등급의 시험시간은 80분이다. 한국사 검정시험은 사진 및 그림 자료가 함께 제시되는 문항이 많으므로 우리 역사를 공부할 때 관련 사진 자료도 함

께 눈에 익혀둬야 한다.

초등학생을 포함한 대한민국 국민과 외국인 누구나 응시가 가능하므로, 외교관후보자 선발시험에 도전하기 1~2년 전에 미리 합격_{인증}해 둘 필요가 있다. 보다 상세한 사항은 국사편찬위원회 사이트_{www.historyexam.go.kr}에서 파악하기 바란다. 기출문제는 국사편찬위원회 사이트 → [한국사능력검정시험] → [문제관리] → [시험자료실] 순으로 들어가 문제와 정답을 확인할 수 있다.

제2차
시험준비

외교관후보자 선발 제2차 시험은 제1차 시험 합격자와 면제자_{전년도 제3차 시험 탈락자 중 원서 접수자}를 대상으로 학제통합논술시험 Ⅰ, 학제통합논술시험Ⅱ, 전공평가시험인 경제학, 국제법, 국제정치학으로 구분하여 시행한다. 제2차 시험에서는 이 5개 시험의 성적을 종합하여 성적순으로 합격자를 선발한다.

2020년까지 외교관후보자 선발시험은 '일반외교', '지역외교', '외교전문' 분야로 구분해 선발했다, 하지만, 2021년부터는 '일반외교' 분야만 선발하고 있다. 지역외교와 외교전문 분야는 '민간경력자 일괄채용시험'으로 선발하고 있다. 민경채 시험은 인사혁신처에서 주관하는 공무원 채용 시험의 하나로, 민간 분야에서 일정한 기준 이상의 경력을 쌓은 전문가를 5급 및 7급 국가공무원으로 채용하는 시험이다.

구분	표시	시험시간	시험과목
1일	1교시	10:00~12:00	학제통합 논술시험 Ⅰ
	2교시	14:00~16:00	학제통합 논술시험 Ⅱ
2일	1교시	10:00~12:00	국제정치학
3일	1교시	10:00~12:00	경제학

4일	1교시	14:00~16:00	국제법

제2차 시험에서도 각 과목에서 만점 _{배점 100점}의 40% 이상 득점하지 못하면 불합격 처리된다. 일반외교 분야 제2차 시험의 합격선은 2022년 61.58점, 2021년 63.73점, 2020년 61.90점, 2019년 64.81점, 2018년 52.06점이었다. 오지선다형의 객관식 문제가 출제되는 제1차 시험과 달리, 제2차 시험은 서술형 문제가 출제된다. 따라서 문제에서 요구하는 논점을 정확하게 파악하고 핵심을 얼마나 정연하게 서술하느냐가 관건이다.

구분	표시	시험시간	시험과목	
1일	1교시(오전)	10:00~12:00	학제통합논술시험 Ⅰ	통합논술
	2교시(오후)	14:00	학제통합 논술시험 Ⅱ	
2일	1교시	10:00~12:00	국제정치학	전공평가
3일	1교시	10:00~12:00	경제학	
4일	1교시	14:00~16:00	국제법	

Q1
학제통합논술시험
어떻게 대처할까요?

학제통합논술시험은 과거 외무고시에는 없었지만, 외교관후보자 시험을 시행하면서 처음 도입했다. 단순히 지식을 측정하는 시험이 아니라 외교관에게 꼭 필요한 종합적 사고 능력을 평가하기 위한 시험이다. 국제정치학, 국제법, 경제학의 범위 안에서 몇 가지 제시문을 내보이고 이를 토대로 상황분석력, 종합적 사고력, 논리력, 문제해결 능력, 의사결정 능력 등을 평가할 수 있는 문제가 출제된다. 제시문에는 인문학, 철학 등 다른 학문과 관련한 정보가 활용되기도 한다. 학제통합논술시험Ⅰ과 학제통합논술시험Ⅱ로 나뉘어 있으나 과목 자체가 다르지는 않고, 동일한 형식의 시험을 두 번 본다. 2025년 1월부터 학제통합논술시험Ⅰ·Ⅱ를 하나로 통합한다. 여러 제시문 중 하나는 영어로 되어 있다.

학제통합논술시험에는 국제정치학, 경제학, 국제법과 관련된 최근 이슈를 중심으로 문제가 나오는 경향이 있다. 평소 신문 기사, 특히 이슈에 대한 분석 기사를 읽고 재정리하여 '이슈 노트'를 만들어 놓고 새로운 흐름과 정치적·법적·경제적 쟁점을 그때그때 추가해 두면 도움이 될 것이다. 답안을 작성할 때엔 먼저 문제의 논점을 파악하고, 이에 맞는 결론을 1차로 정리한 상태에서 글을 전개하는 게 낫다. 또, 모든 문제에 같은 시간을 할애하기보다는 자신이 아는 범위와 문제의 배점을 고려해 시간 분배를 하는 전략도 필요하다.

참고로 학제통합논술시험 답안을 정정하고자 하는 경우에는 응시자 본인이 가져온 수정테이프를 사용하거나 수정할 부분을 두 줄로 긋고 그다음부터 다시 작성할 수 있다. 단 수정액 또는 수정스티커 등은 사용할 수 없다는 점에 유의하자.

〈문제〉

[예시] 2023년 외교관후보자 선발 제2차 시험
학제통합논술 I (제시문 5개, 그중 한 개는 영문, 4개 문항, 총 100점 배점)

※ 다음 제시문을 읽고 물음에 답하시오.

〈제시문 1〉

미국 몬태나주와 캐나다 앨버타주 및 브리티시콜럼비아주에 걸쳐 있는 글레이셔(Glacier) – 워터턴(Waterton) 지역은 주정부들이 주도한 미국과 캐나다 간 유네스코 생물권보전지역(BR) 협력의 대표적 사례이다. 이 지역에서 국제로터리 등이 20세기 초부터 연구, 자원관리, 공공교육을 포함한 국제협력을 추진했고, 1932년 미국 정부와 캐나다 정부는 글레이셔 – 워터턴레이크 국립공원을 국제평화공원으로 지정하였다. 또한 1970~1980년대 브리티시콜럼비아 북플래트헤드강의 지류에 노천 석탄광산 개발이 계획된 이후, 수질 및 어장의 악화를 우려한 시민들은 수질자문기구인 플래트헤드유역위원회(FBC) 설립을 건의해 성사시켰다. 아울러 캐나다 정부와 미국 정부는 국제공동위원회(International Joint Commission: IJC)로 하여금 북플래트헤드강 석탄광산 사업의 초국경 수질 및 어업 영향을 평가하도록 했고, 1988년 IJC는 미국 정부와 캐나다 정부에 석탄광산 채굴 금지와 '조화롭고 공평하고 지속가능한' 강 유역 관리전략 개발을 권고하였다. 나아가 1991~1992년 FBC는 미국 지역의 공공·민간 부문 전략관리계획을 수립했고, 1993년에는 글레이셔 - 워터턴의 BR 매니저와 과학자들이 이를 캐나다 지역으로 확대하였다.

⟨제시문 2⟩

한국과 중국 간 환경협력은 2011년부터 2015년 사이 상당히 확대되었다. 중국이 글로벌거버넌스 및 지역 협력에 적극적으로 참여하는 '포용적 성장'의 정책 기조를 대내외에 천명함에 따라, 한중 간 환경협력 분야에서도 양적 증가세가 나타난 것이다. 하지만 양적인 증가에 걸맞은 협력 내용 및 실행의 질적 발전이 있어야 함에도 불구하고, 양국 간 원활한 업무추진과 효과적인 운용은 거의 이뤄지지 않고 있는 실정이다. 주지하듯 협력이란 상호 간에 얻을 수 있는 이익이 전제되었을 때 원활히 이루어질 수 있다. 그런데 한국과 중국의 경우 환경협력을 통해 양국 모두 환경보전이라는 절대적 이익을 얻을 수 있음에도 불구하고 협력이 잘 이뤄지지 않고 있다. 지정학적 갈등 요인이 있는 상황에서 단일 행위자로서 국가는 상대적 이익의 고려를 우선시하기 때문이다. 그렇다면 오히려 양국 사이에 지방정부 및 시민사회 주도로 환경협력을 위한 안정적 토대를 마련하는 것이 효과적일 수 있다. 이를테면, 최근 한국의 광역지방자치단체 A도(道)와 중국의 B성(省) 사이에 환경협력의 원활한 실천을 위한 양해각서(MOU) 체결이 추진되고 있는 것도 좋은 사례가 될 수 있을 것이다.

⟨제시문 3⟩

미국과 캐나다 간 국경을 넘는 오염문제를 다루기 위한 협상은 1900년대 초에 시작되었고 1909년 '경계수역(境界水域)조약'의 체결로 이어졌다. 이 조약은 양국 간의 물(수질 및 수량)분쟁 해결에 초점을 맞추고 있지만 보다 광범위한 환경문제를 해결하기 위해 일정한 기능을 할 수 있는 여지를 주었다. 이 조약에 의해 양국 각 3명의 위원으로 구성된 국제공동위원회(IJC)가 설립되었는데, 동 위원회는 미국과 캐나다 간 제기된 환경문제에 관한 조사 · 결정 등의 기능을 수행하였다. 당초 이 위원회의 설립 목적은 수질문제의 해결에 있었지만 양국은 오염물질 배출 감소를 협상하기 위해서도 이 위원회를 활용하였다. 또한 양국은 국경을 넘는 대기오염의 심각성을 인식하고, 'Memorandum of Intent between the Government of the United States of America and the Government of Canada concerning Transboundary Air Pollution(1981)'(MOI)를 체결하였다. 이후 양국은 조속한 협정의 체결을 촉구하고 있는 동 MOI에 따라 교섭을 벌인 결과 'Agreement between the Government of Canada and the Government of the United States of America on Air Quality(1991)'(Agreement)를 체결하는 데 성공하였다. 1996년 IJC 보고서는 이산화황의 배출량이 1980년 이래 51% 감소되는 등 미국과 캐나다 간 대기오염 문제에 관한 환경협력 성과가 비교적 성공적이라고 평가한 바 있다. 이러한 미국과 캐나다 간의 협력관계는 국경을 넘는 대기오염 문제를 다루는 데 있어 모범적인 사례로 인식되고 있다.

〈제시문4〉

Agreement between the Government of Canada and the Government of the United States of America on Air Quality (1991)

Article V (Assessment, Notification, and Mitigation)

1. Each Party shall, as appropriate and as required by its laws, regulations and policies, assess those proposed actions, activities and projects within the area under its jurisdiction that, if carried out, would be likely to cause significant transboundary air pollution,

including consideration of appropriate mitigation measures.

2. Each Party shall notify the other Party concerning a proposed action, activity or project subject to assessment under paragraph 1 as early as practicable in advance of a decision concerning such action, activity or project and shall consult with the other Party at its request in accordance with Article XI (Consultations).

3. In addition, each Party shall, at the request of the other Party, consult in accordance with Article XI (Consultations) concerning any continuing actions, activities or projects that may be causing significant transboundary air pollution, as well as concerning changes to its laws, regulations or policies that, if carried out, would be likely to affect significantly transboundary air pollution. [...]

4. Each Party shall, as appropriate, take measures to avoid or mitigate the potential risk posed by actions, activities or projects that would be likely to cause or may be causing significant transboundary air pollution. [...]

Article XIII (Settlement of Disputes)

1. If, after consultations in accordance with Article XI (Consultations), a dispute remains between the Parties over the interpretation or the implementation of this Agreement, they shall seek to resolve such dispute by negotiations between them. Such negotiations shall commence as soon as practicable, but in any event not later than ninety days from the date of receipt of the request for negotiation, unless otherwise agreed by the Parties.

2. If a dispute is not resolved through negotiation, the Parties shall consider whether to submit that dispute to the International Joint Commission (IJC) in accordance with either Article

IX(Responsibilities of the International Joint Commission) or Article X(Review and Assessment) of the Boundary Waters Treaty. If, after such consideration, the Parties do not elect either of those options, they shall, at the request of either Party, submit the dispute to another agreed form of dispute resolution.

〈제시문 5〉

H국과 S국은 D강을 공동으로 이용하고 있다. 각국이 모두 D강을 협력적으로 이용할 경우, 각각 α의 순편익을 얻게 된다. 그러나 두 국가가 모두 D강을 비협력적으로 이용할 경우, 양국은 0의 순편익을 얻게 된다. 만약 H국은 D강을 협력적으로 이용하고 S국이 비협력적으로 이용할 경우, H국은 $-\frac{\beta}{2}$의 순편익을 얻고 S국은 β의 순편익을 얻게 된다. 반대로 H국이 비협력적으로 이용하지만 S국이 협력적으로 이용할 경우, H국과 S국의 순편익은 각각 β와 $-\frac{\beta}{2}$가 된다. (단, $0<\alpha<\beta$)

〈문제〉

제 1 문. 현실주의 및 자유주의 국제정치이론적 시각의 핵심 가정에 입각하여 〈제시문 1〉 사례와 〈제시문 2〉 사례의 환경협력 양상을 비교분석하시오. (20점)

제 2 문. 〈제시문 3〉과 〈제시문 4〉를 참조하여 '미국과 캐나다 간 Agreement' 제5조의 당사자 의무는 국제환경법상의 원칙을 어떻게 반영하고 있는지 설명하고, 의무 위반이 발생하는 경우 양국 간의 국제법적 분쟁해결 방법에 대하여 설명하시오. (25점)

제 3 문. 〈제시문 5〉를 참고하여 H국과 S국이 각각 상대 국가가 어떤 선택을 할지 모르는 상황에서 H국과 S국의 순편익을 나타내는 보수행렬(payoff matrix)을 제시하고, 두 국가가 자국의 이익만을 고려하고 협력 여부를 한 번만 선택한다면, 각국의 선택이 어떤 결과로 나타날지 그 해를 도출하고 해석하시오. (15점)

제 4 문. 〈제시문 1〉, 〈제시문 2〉, 〈제시문 3〉, 〈제시문 4〉, 〈제시문 5〉를 참조하여 국가 간 환경협력의 다양한 노력에 관한 다음 물음에 답하시오. ①〈제시문 1〉과 〈제시문 3〉의 사례와 같이 양국이 오랜 시간 끊임없이 반복하여 협력 여부를 선택한다면, 〈제시문 5〉의 H국과 S국의 선택은 어떤 결과로 나타날지 그 해를 도출하고 함의를 설명하시오. (단, 순편익에 대한 할인율(discount rate)은 이다( )) 또한, ②〈제시문 2〉, 〈제시문 3〉, 〈제시문 4〉를 참조하여 '미국과 캐나다 간 MOI', '미국과 캐나다 간 Agreement', '한국 광역지방자치단체 A도(道)와 중국 B성(省) 간 MOU'의 국제법적 지위와 효력을 비교설명하고, ③〈제시문 1〉, 〈제시문 2〉, 〈제시문 4〉, 〈제시문 5〉를 참조하여 한중 간 환경협력을 증진할 수 있는 국제정치적 방안에 대해 설명하시오. (40점)

〈문제〉
[예시] 2023년 외교관후보자 선발 제2차 시험
학제통합논술 II (제시문 5개, 3개 문항, 총 100점 배점)

※ 다음 제시문을 읽고 물음에 답하시오.
〈제시문 1〉
(1) 신고전 현실주의 이론은 주로 무정부성과 권력의 배분 등 국제체제의 구조적 특징을 독립변수로, 일국의 대외정책을 종속변수로, 국내요인을 두 변수 사이의 매개변수로 본다. 신고전 현실주의 이론에서 위협에 대응하는 균형정책이나 편승정책은 국가의 구조에 의해 영향을 받고, 국가가 어떤 것을 이익으로 선호하는가에 따라 선택된다.

(2) 쉬웰러(Randall L. Schweller)의 이익균형론(balance of interests theory)에 의하면, 국가는 현상유지가 주는 이익과 현상타파가 주는 이익을 비교하여 현상유지 국가가 되거나 현상타파 국가가 되어 균형화를 추구하기도 하고 편승을 추구하기도 한다. 쉬웰러는 국가를 4종류의 동물(사자, 양, 자칼, 늑대)에 비유하여 구분하고 있다. 사자는 현재에 만족하며 현상파괴 국가에 대항하여 높은 비용을 지불하더라도 균형을 추구하거나 책임전가의 경향을 보인다. …(중략)… 늑대는 제한적이지 않은 목적을 가진 현상타파 국가로서 국제질서를 바꿀 수 있는 능력을 소지하고 있다고 믿는 야심적인 국가를 지칭한다.

〈제시문 2〉
(1) 2017년 3월 1일 미국무역대표부(USTR)가 발표한 '대통령 통상정책 의제(President's Trade Policy Agenda)'는 미국 정부의 통상정책의 기본이 되고 있다. 미국 정부의 통상정책은 더욱 자유롭고 공정한 방법으로 무역을 확대하기 위한 것으로 이를 통해 미국의 경제성장, 고용창출, 상호주의 증진, 제조업 기반 강화 및 농업·서비스의 수출 확대를 실현하는 것을 목표로 하고 있다. 미국의 통상정책이 추구하는 주요 목표는 다음과 같다.

①미국 내·외시장에서 공정한 경쟁 여건 조성, ②미국산 제품의 수출을 저해하는 불공정 무역장벽 철폐, ③농업, 제조업, 서비스 등 모든 분야에 종사하는 미국 기업의 이익 보호, ④지적재산권 소유자의 권리 보호, ⑤덤핑 및 보조금 지원을 받은 수입품 규제를 위한 미국 통상법 집행 강화, ⑥기존 무역협정의 노동규정 이행 강화, ⑦미국의 국익을 침해하거나 협정상 혜택을 약화시키는 WTO 규정 해석의 거부, ⑧제조업 강화를 위한 통상정책 추진, ⑨모든 미국 근로자의 이해관계 대변.

(2) 바이든 정부는 반도체 분야에서 우위를 유지하기 위해 반도체지 원법(CHIPS Act)을 제정하였다. 이 법에 따르면 관련 기업은 미국 내 공장을 건설하여 미국 내 반도체 보조금을 받으려면 미국 정부가 제시하는 까다로운 조건을 수용해야 한다. 이들 기업이 중국 내 반도체 공장 증설 시 10년 내에 첨단 반도체 생산설비를 5% 이상 증설하지 못한다. 중국 정부는 미국의 이러한 첨단산업 분야 정책에 중국을 견제하겠다는 의도가 내포되어 있고, 중국의 첨단기술 분야의 성장을 억제하여 반도체와 같은 고부가가치 산업에서 중국의 굴기를 억제하겠다는 의도가 있다고 비판하고 있다.

(3) 중국 정부는 미국 우선주의(America First)에 입각한 '공정무역'과 첨단기술 정책에 대하여 이는 자유무역질서가 아닌 보호무역주의 통상정책에 불과하다고 비판하며, 전후 세계 경제의 번영을 견인한 다자주의와 자유무역질서를 해치는 행위라고 반발하고 있다. 첨단기술과 무역에 관한 미·중 경쟁이 심화되면서, 중국은 미국이 상호의존을 무기화하고 있다고 주장하고 있다.

〈제시문 3〉

미국과 유럽은 중국이 중상주의 정책을 통해 시장에서 지배력을 확대하고 독점적 지위를 굳히는 것을 경계하고 있다. 중국은 낮은 임금, 환경 및 WTO 무역 규범의 철저하지 않은 이행 등을 배경으로 지속적으로 세계 시장 점유율을 높여 왔다. 나아가 규모의 경제를 기반으로 세계 최대 전기차 수출국이 되었다. 이러한 통상 상황으로 인하여 국가 간 무역분쟁이 발생할 가능성이 높아지고 있다.

2022년 미-중 경제안보검토위원회(US-China Economic and Security Commission)에 따르면, 중국은 전 세계 배터리 셀 제조 능력의 76%, 미국 페니실린 수입량의 41.6%, 희토류 화합물 수입량의 78%를 점유하는 등 주요 공급망에서도 독점적 지위를 차지하고 있

다. 중국은 일부 주요 분야에서 대외 의존도를 낮추고 전 세계 공급
망을 제한하겠다는 입장을 수차례 분명히 밝혀 왔다. 미국을 비롯한
여러 국가들은 무역 경쟁력과 안보라는 두 가지 측면에서 이러한 상
황을 주시하고 있다.

〈제시문 4〉

A국과 B국에서 독점력을 행사하는 알파 영화사는 올해 제작한 영화
1편을 두 국가 모두에서 상영할 계획이다. B국 소비자들은 영화 관
람을 좋아하는 편이지만 소득수준이 낮아 관람료가 일정 수준을 넘
어서면 영화 관람을 포기하는 경향이 강하다. 한편, A국 소비자들은
영화를 볼 때 관람료에 특별히 민감하지 않은 것으로 나타났으며, 소
득수준이 높아 재미있는 영화에 대해서는 상대적으로 높은 관람료
를 지불할 의향이 압도적으로 높다. 이러한 사전 정보를 가진 알파
영화사는 이윤을 극대화할 수 있는 적정 관람료를 검토하였다. 이번
에 상영될 영화는 재미있는 영화라고 평가되고 있다. 알파 영화사는
신중한 검토를 통해 A국 내 관람료를 B국 내 관람료보다 높게 책정
하기로 결정하였다.

〈제시문 5〉

두 국가가 2개 재화(식품(F)과 섬유(C))만을 생산·교역하는 표준
적인 무역모형을 고려하자. 외국은 자국이 수입하는 재화를 수출하
고, 자국은 외국이 수입하는 재화를 수출하는 2개 국가만 있는 세계
를 가정한다. 각국 경제는 생산가능곡선과 가장 높은 등가치선(iso-
value lines)이 접하는 점에서 생산하며, 여기서 상대공급곡선이 도출
된다. 또한, 이들 경제는 생산측면에서 결정된 등가치선이 가능한 가
장 높은 무차별곡선에 접하는 점에서 소비하며, 이를 통해 상대수요
곡선이 도출된다. 식품의 상대공급곡선은 식품의 상대가격($\frac{P_F}{P_C}$)이 상
승함에 따라 증가하는 형태이고, 식품의 상대수요곡선은 식품의 상

대가격이 상승함에 따라 감소하는 형태를 가진다. 자국과 외국의 상
대공급곡선과 상대수요곡선을 결합하여 아래 그림과 같이 세계 상
대공급곡선(RS)과 세계 상대수요곡선(RD)을 그릴 수 있으며, 이 두
곡선이 교차하는 점(E)에서 상대가격(교역조건)과 상대적 생산량이
결정된다.

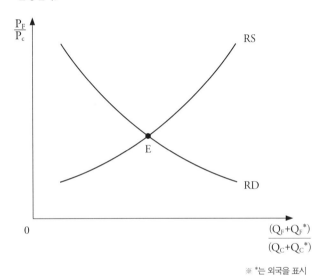

※ *는 외국을 표시

〈문제〉

제 1 문.   (총 35점)

1) 〈제시문 2〉와 〈제시문 3〉을 참조하여, 〈제시문 1〉의 (1)의 관점에
   서 기술패권을 둘러싼 미국과 중국 간의 갈등을 설명하시오. 또
   한, 최근 미중 전략경쟁 속에서 미중 양국의 입장을 〈제시문 1〉의
   (2)를 활용하여 설명하시오.(15점)

2) 〈제시문 2〉와 〈제시문 3〉을 참조하여 자유무역과 국가주권을 조화
   시키기 위한 WTO 체제의 법 원칙에 대하여 설명하시오.(20점)

제 2 문.   (총 30점)

1) 〈제시문 2〉와 〈제시문 3〉의 상황에서 한 국가가 타국 기업의 자산을 몰수하였다고 가정하자. 그 기업의 국적국이 가해국을 상대로 기업의 피해를 회복하기 위하여 주장할 수 있는 국제법적 근거와 요건에 대하여 설명하시오. (단, WTO에 대한 논의는 제외하기로 함)(15점)

2) 〈제시문 4〉를 참고하여, 독점기업(알파 영화사)이 이윤극대화를 위해 B국에 비해 A국에서 더 높은 관람료를 책정하도록 하는 조건이 무엇인지 수식을 이용하여 제시하시오. 이에 더해, 이러한 조건이 갖는 가격차별의 역설적 함의에 대해 간략히 논하시오. (단, 영화공급의 한계비용은 일정하며, A국 내 관람료는 P_A, B국 내 관람료는 P_B, A국 관람객수는 Q_A, B국 관람객수는 Q_B로 표시함. 수요의 가격탄력성(ε_p) $= -\dfrac{\delta Q}{\delta P}\dfrac{P}{Q}$)(15점)

제 3 문.   (총 35점)

1) 미국이 보호무역정책의 일환으로 관세 부과와 수출보조금 지급을 고려할 경우, 〈제시문 2〉와 〈제시문 5〉를 참조하여 각각의 정책이 미국의 교역조건과 후생에 미치는 영향을 설명하시오. (단, 미국은 식품을 수출하고 섬유를 수입한다고 가정함)(15점)

2) 미중 협력 시기 미국의 동맹국이며 민주주의 국가인 K국은 중국과의 경제협력을 통하여 번영을 향유하였다. 그러나 최근 미중 전략경쟁이 심화되면서, K국과 같은 중견국들은 편승정책, 균형정책, 중립정책, 회피정책, 자주정책 등에 대한 선택의 딜레마에 빠지게 되었다. 〈제시문 1〉, 〈제시문 2〉, 〈제시문 3〉, 〈제시문 4〉를 참조하여, 이들 중견국의 시각에서 미국의 공정무역 정책을 미중 관계의 체제수준, 그리고 미국과의 양자관계의 수준에서 분석하시오. 또한, 이에 대응하여 중견국이 취할 수 있는 외교전략을 논하시오.(20점)

전공평가시험은
어떻게 준비하면 좋을까요?

전공평가시험은 외교관에게 필요한 기초 지식을 측정하기 위한 것으로 국제정치학, 경제학, 국제법 3개 과목에 대해 약술형으로 출제된다. 약술형은 논술형보다 간략하게 서술하는 형식을 말한다. 국제정치학의 출제 범위에는 외교사 및 군축·안보 분야가, 경제학에는 국제경제학이, 국제법에는 국제경제법이 각각 포함된다. 시험시간은 과목당 2시간, 배점은 각각 100점이다. 앞서 밝혔듯이, 전공평가시험은 일반외교 분야 응시자에 한해 시행된다. 이제 전공평가시험의 각 과목별 공부 방법에 대해 알아보자.

국제정치학

국제정치학 시험문제는 크게 이론, 이슈, 외교사 등의 3개 파트로 구분할 수 있다. 국제정치학 이론의 경우엔 사례나 현상을 제시하고 해당 이론에 대한 지식을 묻거나 이론의 적용을 요구하는 문제가 출제되는 경향이 있다. "국제사회의 무정부 상태에 대한 케네스 왈츠의 견해를 '공격적 현실주의'의 입장에서 논하라"고 요구한 2018년 국제정치학 시험 제1문의 1번 항이 여기에 해당된다고 볼 수 있다. 국제정치학 이론은 패러다임이 다양하게 얽혀 있기 때문에 현실주의, 자유주의,

구성주의 등 각 패러다임별 이론과 요점을 정리해 놓고 공부하는 게 낫다.

이슈와 관련된 문제의 경우, 최근의 이슈는 물론 현재의 현상과 연계 혹은 비교되는 과거의 이슈를 테마로 삼는 경향도 있으니 유의해야 한다. 뉴스를 통해 국제정세와 시사 이슈를 꾸준히 체크할 필요가 있다. 국제정치 전문가들이 국제질서를 바라보는 시각과 논리, 국가 간 역학관계의 변화 등이 담긴 서적을 평소에 읽고 요점을 정리해 두면 도움이 된다. 최근 3년간 시험에서 군축, 핵 안보 관련 문제가 출제되지 않았으니 이 부분에 대한 정리도 필요할 듯하다.

외교부 국립외교원의 외교안보연구소www.ifans.go.kr 가 매월 두세 차례 발간하는 '주요 국제문제 분석'도 좋은 학습 자료가 될 수 있다. 무엇보다도 팩트와 이론적인 분석이 잘 정리되어 있다. 국문 자료뿐만 아니라 영문 자료도 많아 눈에 익혀 두면 나중에 영어 집단토론 때도 도움이 된다. 국립외교원 사이트 www.knda.go.kr 에서 자료를 찾아볼 수 있다.

이슈와 관련해 공부할 때 유의해야 할 부분은 이슈의 범위를 매번 너무 확장시키지 말라는 것이다. 시험 전까지 주요 이슈를 여러 차례 반복해 보며 요점을 머릿속에 넣어야 하는데, 너무 가짓수를 늘여 놓으면 시간상으로 읽기에 급급할 수밖에 없다. 모든 이슈를 수박 겉핥기식으로 읽는 것보다는 예상 주제별로 범위를 좁혀 이론, 논점 등을 반복해서 공부하는 것이 오히려 낫다.

외교사는 근래에 출제 빈도가 높아지고 있으며 배점 비중도 적지 않은 편이다. 국제질서에 영향을 끼친 사례, 특히 우리나라, 한반도, 동북아에 직간접으로 영향을 끼친 사례는 일단 암기해 두고, 이들 사례를 바라보는 전문가의 시각을 함께 공부해야 한다. 외교사를 꼼꼼히 공부해두면 가상의 상황이 아니라 실제 사례를 통해 논거를 전개할 수 있는 이점이 있으니 다른 과목 시험에서도 도움이 될 수 있다.

〈문제〉

[예시] 2023년 외교관후보자 선발 제2차 시험
국제정치학 (3개 문항, 총 100점 배점)

제 1 문. 인류의 역사 속에 전쟁은 반복해서 발생해왔다. 이와 함께 전쟁이 왜 발생하는지를 설명하며 평화를 추구하려는 노력도 이어져 왔다. 현재 러시아 – 우크라이나 전쟁이 장기화되면서 이 전쟁의 양상을 설명하려는 다양한 이론적 접근들이 존재한다. 다음 물음에 답하시오. (총 40점)

1) 러시아 – 우크라이나 전쟁의 발생을 설명하는 데에 있어서, 한스 모겐소(Hans J. Morgenthau)의 이론과 케네쓰 월츠(Kenneth Waltz)의 이론의 공통점과 차이점을 설명하시오. (20점)

2) 국제제도를 통해서 전쟁을 방지하고 평화를 추구할 수 있다는 이론과 비교하여 러시아 – 우크라이나 전쟁의 발생에 대한 1)에서의 설명이 가지는 장점과 단점을 기술하시오. (10점)

3) 알렉산더 웬트(Alexander Wendt)의 이론을 통해 러시아 – 우크라이나 전쟁의 발생에 대해 설명하시오. (10점)

제 2 문. 냉전 종식을 전후로 전통적인 국가안보 패러다임을 넘어 다양하고 포괄적인 안보 개념과 의제가 부각되고 있다. 특히, 안보 개념의 확대와 관련해서 인간안보 개념은 인도적 지원과 국제개발 분야에서 점점 중요해지고 있다. 다음 물음에 답하시오.(총 30점)

1) 인간안보 측면에서 '분쟁과 저개발의 악순환'에 대해 설명하고, '보호와 발전의 선순환'을 구축하려는 국제사회의 예를 기술하시오.(16점)

2) 최근 '난민 문제'는 국제정치의 중요한 인도적 의제로 부상되었다. 그런데, 국제사회의 관심과 노력에도 불구하고 난민 문제는 지속되고 있다. 난민 문제가 장기화되는 이유를 코펜하겐 학파(Copenhagen School)의 안보화(securitization) 이론을 통해 설명하시오.(14점)

제 3 문. 1938년 3월 독일은 오스트리아를 병합하고, 그해 9월 체코슬로바키아에 주데텐(Sudeten) 지방의 할양을 요구했다. 이에 9월 29일 뮌헨회담이 열리고 영국과 프랑스는 유화정책 차원에서 주데텐 지방의 독일 할양에 찬성하는 뮌헨협정에 합의했다. 다음 물음에 답하시오.(총 30점)

1) 뮌헨협정 이후 1939년 9월 제2차 세계대전이 발발하기까지 독일, 영국, 프랑스, 소련의 역사적 행보를 주요 사안을 중심으로 서술하시오.(10점)

2) 최근 중국의 대만 정책이 동아시아 안보에 주는 시사점과 함의를 뮌헨협정 사례를 통해 논하시오.(20점)

경제학

경제학은 크게 미시경제학과 거시경제학으로 구분되며, 시험 범위에는 국제경제학도 포함된다. 먼저 '미시경제원론', '거시경제원론', '미시경제학', '국제경제학' 등의 교과서를 통해 주요 개념을 이해하고 기본이론을 숙지해야 한다. 미시경제학 → 거시경제학 → 국제경제학 순으로 공부하는 것이 전반적인 이해에 도움이 된다. 그 후에 예상문제집, 기출문제, 주요 대학 모의고사 문제 등을 풀며 개념과 이론을 사례에 적절히 응용하는 공부를 해야 한다.

그다음으로 논리적이고 체계적으로 답안을 작성하는 연습이 필요하다. 우수 답안 사례들과 자신의 답안을 비교해 보고, 부족한 부분을 보완해야 한다. 경제학은 범위가 넓은 데다 '경제수학', '통계학' 등의 수리능력도 필요해 점수 편차가 큰 과목이다. 학생이라면 수학 공부에 신경 써야 하고, 수학적 기초가 부족한 성인이라면 고등학교 수학 공부를 다시 해야 한다.

경제학 시험을 준비하려면 무엇보다도 교재 선택이 가장 중요하다. 특히 경제학 비전공자는 입문서를 먼저 선택해 기본 개념과 이론을 충분히 이해하고 숙지한 다음에 더 깊이 있는 책으로 공부할 필요가 있다. 또 전문학원 수강을 통해 출제의 흐름, 유형, 답안 작성 요령 등을 파악하고 모의시험 경험을 쌓는 것도 중요하다.

〈문제〉

[예시] 2023년 외교관후보자 선발 제2차 시험
경제학 (2개 문항, 총 100점 배점)

제 1 문. 어느 호숫가에 공장 A와 양식장 B가 인접해 있다. A의 생산비용은 $TC=Q^2+6Q$이다. 그런데 A가 상품을 생산하는 과정에서 호수를 오염시키는 폐수가 배출되고 있으며 이로 인한 B의 피해는 TD=10Q이다. A가 생산하는 상품의 시장가격은 P=80이다. 다음 물음에 답하시오. (단, Q는 A의 생산량을 의미한다)(총 30점)

1) 정부 규제가 없을 경우 외부효과로 인한 사회적 후생 손실을 구하시오.(10점)

2) 사회적으로 바람직한 생산량을 달성하기 위해 정부가 A의 상품에 부과하는 단위당 세금을 구하시오.(6점)

3) 호수에 대한 소유권이 A에 있는 경우 또는 B에 있는 경우를 가정하자. A와 B는 협상을 통해 외부효과를 해결하고자 할 때, 각각의 경우에 따른 보상액의 범위를 구하시오.(14점)

제 2 문. 인원수가 같은 두 그룹(A, B)으로 구성된 경제를 가정하자. A그룹은 전체 소득의 70%를 가져가고, B그룹은 나머지 30%를 가져간다. 이 경제의 모형은 다음과 같다.

> ○화폐수요함수: $Md=5Y-120i$
> ○화폐공급함수: $Ms=10,000$
> ○투자함수: $I=296-20i+0.1Y$
> ○A그룹의 소비함수: $C_A=120+c_A(Y_A-T_A)$
> ○B그룹의 소비함수: $C_B=60+c_B(Y_B-T_B)$
> ○정부지출: $G=500$
> (단, Y는 국민소득, i는 이자율, c는 한계소비성향, T는 조세이다)

$T_A=T_B=200$일 때, 다음 물음에 답하시오.(총 40점)

1) $c_A=c_B=0.6$일 경우, IS와 LM을 도출하고 균형에서 Y, i, 재정수지를 구하시오.(16점)

2) IS - LM 곡선을 이동시키는 경제적 변동 요인에 대해 설명하시오.(12점)

3) 정부는 재정적자의 축소를 원하지만 Y가 줄어드는 것도 우려하

고 있다. 이때, 경기 침체 없이 재정적자를 줄이기 위해서는 어떤 정책을 시행해야 하는지 IS‑LM 그래프를 이용하여 설명하시 오.(12점)

국제법

국제법은 법학 비전공 응시자들이 가장 어렵게 생각하는 과 목이다. 법적 개념이 낯선 데다가 익혀야 할 조문도 워낙 많 기 때문이다. 특히 국제법은 계속 변화하고 있어 최근 입법 및 판례에 대해서도 추가로 공부를 해야 한다.

국제법은 'Introduction to International law', 'International trade law', '국제법총론', '국제법 원서강독' 등 기본이 되는 교과서나 교재를 정해 먼저 주요 개념과 맥락을 공부해야 한 다. 국제법에서 가장 중요한 부분은 크게 조약과 판례 두 가 지로 볼 수 있다. 조약의 경우, 다자 조약을 테마별로 구분해 조약의 배경, 내용, 변화상, 적용 사례 등을 정리해 놓고 공부 하는 게 좋다. 판례도 마찬가지다. 판례가 나온 배경, 쟁점, 영 향 등을 정리하여 공부하고, 최근의 분쟁 사례에 어떻게 적용 할 수 있는지도 파악해 봐야 한다.

조약법에 관한 빈 협약VCLT, 유엔해양법협약UNCLOS 등 국제 법의 기본이 되거나 비중이 높은 조약의 주요 조문을 숙지하 는 것도 중요하다. 단순히 조문을 읽기보다는 조문이 탄생하 게 된 배경과 판례, 한계 등을 함께 살펴보며 이해도를 높일 필요가 있다.

국제경제법은 그 근간인 GATT와 여러 부속 협약들의 조문을 원리와 사례를 중심으로 파악해 두는 게 좋다. 국제경제법이 출제 범위에 포함돼 있고 시험의 선별력을 갖추기 위해 예상치 못한 분야에서 출제되는 경향도 있기 때문이다. 가령 최근의 무역분쟁을 GATT의 부속 협약 조문과 연계해 분석해 보는 것도 흥미로운 공부 방식이 될 것이다.

〈문제〉

[예시] 2023년도 외교관후보자 선발 제2차 시험
국제법 (3개 문항, 총 100점 배점)

제 1 문. A국 국적의 X선박은 B국의 배타적 경제수역 내에서 조업 중이던 C국 국적의 Y어선에 연료를 판매한 후 자국으로 항해를 시작하려다 B국 국적의 Z어선과 충돌하였다. 충돌사고로 Z어선에 타고 있던 선원 2명이 사망하였다. 이러한 상황을 통보받은 B국 해양경찰은 항공기를 출동시켜 공해상에서 도주하고 있던 X선박을 발견하고 무선으로 정선명령을 하였다. X선박이 이에 응하지 않자 B국 해양경찰은 고속정을 출동시켜 공해상에서 X선박을 추적 및 나포하고 선장 등 관련자를 B국의 국내법에 따라 법원에 기소하였다. 선장 등 관련자에 대한 공소장에는 X선박이 B국의 배타적 경제수역에서 연료를 판매한 사실과 선박충돌로 선원이 사망한 사실이 포함되어 있다. A국은 B국의 기소가 국제법 위반이라 주장하면서 국제해양법재판소에 제소할 것을 고려하고 있다. 다음 물음에 답하시오. (총 30점)

1) B국 법원이 X선박의 행위에 대해 관할권을 행사하는 것이 UN해양법협약상 적법한지 검토하시오. (20점)

2) B국 해양경찰이 X선박을 추적 및 나포한 것이 UN해양법협약상

적법한지 검토하시오.(10점)

제 2 문. 태평양 연안에 위치한 UN 회원국인 A국, B국, C국, D국, E 국 등 5개국은 UN헌장에 의거하여 군사동맹을 목적으로 하는 '태평양 공동방위기구'(이하 '방위기구') 설립조약을 체결하였다. 방위기구 설립조약이 발효된 후 K국은 방위기구의 회원국인 E국에 친(親) K국 정권을 수립할 것을 목적으로 E국 내의 반군세력에게 무기와 자금 그리고 병력에 대한 체계적 군사훈련을 제공하였다. 이에 대해 방위기구는 다수결로 K국의 행위를 침략행위로 결의하였다. 이 결의에 따라 B국, C국, D국은 'BCD다국적군'을 구성하였다. 이후 방위기구의 군사참모위원회 지휘에 따라 작전을 수행하던 'BCD다국적군'은 A국의 항구에 정박하고 있던 K국 국적의 민간선박에서 E국의 반군세력을 지원하기 위한 무기와 탄약을 발견하고 그 선박을 포격하여 격침시켰다. 다음 물음에 답하시오.(총 30점)

1) K국의 군사적 행위가 UN헌장상 금지된 무력사용행위인지 논하시오.(10점)

2) 'BCD다국적군'의 K국 국적 민간선박 격침행위가 국제법상 적법한 자위권의 행사인지 논하시오.(20점)

제 3 문. X국과 Y국의 이중국적을 가지고 있는 A는 과거 X국에서 고문을 받았다. 그 후 A는 Y국에 거주하면서 과거의 고문에 대한 손해배상을 X국에 요구하는 소송을 Y국 법원에 제기하였다. Y국 「국가면제법」은 국내법원이 타국에 대한 관할권을 행사해서는 안 된다는 주권면제를 원칙으로 하면서, 고문과 같은 인적 손해의 경우 면제를 제한한다는 규정을 두고 있다. A는 고문금지규칙이 국제법상의 강행규범으로서 주권면제규칙에 우선하므로 X국의 면제는 인정되지 않는다고 주장하였다. 그러나 Y국의 항소법원은 A의 주장을 받아들이지 않고 X국에 면제를 부여하였으며, 대법원도 상소를 각하하였다. 이

사안에서 A의 주장의 타당성 여부를 검토하시오. (단, Y국은 'UN 주권면제협약' 당사국이다)(40점)

제3차
시험준비

외교관후보자 선발을 위한 제3차 시험은 면접시험으로, 제2
차 필기시험 합격자를 대상으로 치른다. 최종 합격 여부를 좌
우하는 가장 중요한 관문이니 철저히 대비해야 한다. 선입관
을 배제하기 위해 면접위원에게 응시자의 필기시험 성적을
사전에 제공하지 않으므로 모든 응시자가 동일한 상황에서
면접을 치른다고 보면 된다. 일반적으로 제3차 시험은 제2차
시험을 치른 지 두 달쯤 뒤에 실시한다. 필기시험 성적에 일
희일비―喜―悲, 기쁜 일과 슬픈 일이 번갈아 일어나는 모습을 뜻함 하지 말고 남은
기간 최선을 다해 준비하자.

달라진 면접, 변화의 의미를 파악하자
제3차 면접시험은 2017년부터 면접 일정과 시간 배분, 발표
방법이 매해 조금씩 바뀌고 있다. 사소한 부분으로 여길 수도
있지만 모든 변화에는 이유가 있는 법이니 바뀌게 된 배경을
한 번쯤 생각해 볼 필요가 있다. 2016년까지는 이틀에 걸쳐
면접시험을 치렀지만 2017년부터는 하루에 집단심화토의 면
접과 개인발표 및 개별면접을 함께 실시한다. 응시자에게는
체력과 함께 집중력이 더욱 필요해진 셈이다. 또한 집단심화
토의 면접에서 면접위원 질의응답은 2017 년까지 영어와 한

국어로 진행됐지만 2018년에는 영어로만 치르는 것으로 바꾸었다. 이는 면접시험에서 어학 능력에 대한 검증이 더욱 강화된 것으로 볼 수 있다. 영어 인터뷰 연습에 좀 더 공을 들여야 하는 이유다.

개인발표 및 개별면접에서도 변화가 있었다. 2018년에는 직무역량면접과 공직가치·인성 면접에서 과제 검토 및 작성 개인발표문/개별면접 과제 시간은 이전보다 10분 줄어든 30분으로, 개인발표 및 개별면접 시간은 10분 늘어난 40분으로 각각 조정됐다. 응시자에게는 과제를 읽고 쓸 시간이 줄어들고, 면접위원에게는 응시자를 관찰할 시간이 더 늘어난 것이다. 빠른 시간 안에 주어진 과제의 의도를 파악해 핵심을 논리적으로 풀어내는 연습, 면접위원이 던질 수 있는 의외의 질문에 대처하는 훈련이 필요하다고 볼 수 있다. 따라서 시간을 체크하며 면접을 준비하는 것이 좋다.

Q1
면접은 어떤 방식으로
진행되나요?

제3차 면접시험은 공무원으로서의 정신자세, 전문 지식과 그 응용 능력, 의사 표현의 정확성과 논리성, 예의·품행 및 성실성, 창의력·의지력 및 발전 가능성 등 5개 요소를 평가하기 위한 것이다. 면접은 집단심화토의 면접140분, 직무역량 면접70분, 공직가치·인성 면접70분 3가지로 진행된다. 면접 방식은 매년 상황에 따라 조금씩 바뀌어 시행된다. 일례로 '집단심화토의'는 코로나 감염병으로 인해 2022년부터 실시하지 않고 있다.

집단심화토의 면접
4~6명의 응시자가 한 조를 이루어 주어진 과제에 대해 토의하는 모습과 이후 진행된 개별 질의응답을 통해서 평가하는 방식이다. 집단심화토의 면접에서는 5개 평가요소 중 특히 '의사표현의 정확성과 논리성'과 '예의, 품행 및 성실성'을 주로 평가하며, 보조적으로 전문지식과 그 활용 능력을 평가한다.

집단토의를 하기에 앞서 과제가 제시된다. 응시자는 과제를 검토해 자신의 의견을 정리하고, 조 구성원들과 협의해 공통의 해결안 혹은 결론을 제시해야 한다. 과제는 어떤 문제를 해결하는 방안일 수도 있고 어떤 문제에 대한 찬반 토론일 수도 있다. 면접위원은 주어진 과제에 대해 응시자가 자신의 의견을 논리적으로 전개하는지, 토의 참여자로서 어떤 자세를 보이는지, 문제를 해결해 나가는 능력이 있는지 등을 평가한다.

구체적인 진행방식을 보면, 먼저 수험생은 40분간 주어진 토의과제를 검토하고 작성한다. 이후 각 조4~6명 별로 1명씩 3분이내로 모두 발언영어을 한다. 이어 40분간 집단토의한국어를 한다. 마지막으로 40분간 면접의원과 질의응답영어을 한다. 집단심화토의 면접은 토의과제 검토-작성40분, 집단심화토의100분 순으로 140분간 실시된다.

직무역량 면접

외교관으로서 업무를 수행하는데 필요한 능력과 적격성을 평가하기 위한 것이다. 5개의 평가요소 중 '전문 지식과 그 활용능력' '창의력·의지력 및 발전 가능성'을 주로 평가한다.

구체적인 진행방식을 보면, 먼저 그룹 내 응시 순서에 따라 제시된 과제들을 분석한 후 개인발표문과 '경험·상황 면접 과제'를 작성30분 한다. 그다음, 개인발표와 경험·상황면접40분을 진행한다. 개인발표란 사전에 주어진 자료를 토대로 본인이 답개인발표문을 작성해 프레젠테이션을 하는 것이고, 상황면접이란 즉석에서 상황을 가정하고 대답하는 형식이다. 응시자는 개인발표문을 발표영어 2~3분 요약 발표 + 한국어 5분 발표 한다. 개인발표 후 면접위원들의 질문에 답변한다일부 질문에는 영어로 답변.

공직가치 · 인성 면접

외교관후보자로서 지녀야 할 공직가치관 및 도덕성과 품성을 평가하기 위한 것이다. 5개 평가요소 중 주로 '공무원으로서의 정신자세'를, 보조적으로는 '예의, 품행 및 성실성'을 평가한다. '공직가치 · 인성 면접'은 과제검토-작성30분, 개별면접40분 순으로 진행된다. 먼저 그룹 내 응시순서에 따라 별도의 장소에서 제시된 관련 과제들을 개별 분석 후 '경험 · 상황면접 과제'를 작성한다30분. 면접을 시작하기 전에 면접위원들이 과제를 검토할 시간을 갖는다. 이어 응시자는 면접위원들과 개별면접을 한다40분. 응시자는 70분 동안 자신이 작성한 과제 내용을 토대로 공직가치 및 공무원이 갖추어야 할 도덕성, 인성 등에 관한 평가받는 것이다.

아래는 2023년도에 시행된 면접이다. 코로나로 인해 집단심화토의 면접이 없고, 직무역량 평가 때 개인발표를 하면서 영어발표를 포함2~3분하고 면접위원의 질의 중 일부에 대해 영어로 답변한다.

[면접 진행절차]

응시자 교육 및 평정표 작성	▸ 출석 확인 및 면접시험 응시요령 교육 ▸ 면접시험 평정표(4매) 작성		응시자 대기장	

↓

	(A그룹)	(B그룹)	
(오전) 개인발표 및 경험 · 상황 면접	▸ 직무역량 면접 - 그룹 내 응시순서에 따라 개인발표 및 경험 · 상황 면접 과제작성 (30분) - 개인발표* + 경험 · 상황 면접 (40분)	▸ 공직가치 · 인성 면접 - 그룹 내 응시순서에 따라 경험 · 상황면접과제 작성 (30분) - 경험 · 상황면접 (40분)	과제 작성실
			면접실

↓　　　　　　　　　　　* 영어발표 · 답변 포함

중식 시간	▸ 응시자 대기장에서 점심식사(도시락 지참)	응시자 대기장

↓

	(A그룹)	(B그룹)	
(오후) 개인발표 및 경험 · 상황 면접	▸ 공직가치 · 인성 면접 - 그룹 내 응시순서에 따라 경험 · 상황면접과제 작성 (30분) - 경험 · 상황면접 (40분)	▸ 직무역량 면접 - 그룹 내 응시순서에 따라 개인발표 및 경험 · 상황 면접 과제작성 (30분) - 개인발표* + 경험 · 상황 면접 (40분)	과제 작성실 면접실

* 영어발표 · 답변 포함

[면접방법]

1. 직무역량 면접(70분)

과제작성실		면접실
과제 검토 · 작성 (30분)	→	개인발표 + 경험 · 상황면접 (40분)

① 과제 검토 · 작성(30분)

· 그룹 내 응시 순서에 따라 별도의 장소에서 제시된 관련 과제들을 개별
 분석 후 개인발표문 및 '경험 · 상황면접과제' 작성

② 개인발표 및 경험 · 상황면접(총 40분)

· 면접 시작 전 면접위원 과제 검토 시간 별도부여

· (개인발표) '개인발표문' 발표 후 면접위원들의 질의에 대한 응답

  * 개인발표 시 영어발표 포함(영어 2~3분 요약 발표 + 한국어 5분 발
   표), 개인발표 후속 질의 일부에 대해서는 영어로 답변 실시

· (경험 · 상황면접) '경험 · 상황면접과제'에 작성한 내용을 토대로 전문지
 식 등을 평가

· 국가공무원으로서 업무수행에 필요한 능력 및 적격성을 공무원임용시험
 령에서 규정한 5개 평정요소별로 평가

2. 공직가치 · 인성 면접(70분)

과제작성실		면접실
과제 검토 · 작성 (30분)	→	개인발표 + 경험 · 상황면접 (40분)

① 과제 검토 · 작성(30분)
· 그룹 내 응시 순서에 따라 별도의 장소에서 제시된 관련 과제들을 개별
  분석 후 '경험 · 상황면접 과제' 작성

② 경험 · 상황면접(40분)
· 면접 시작 전 면접위원 과제 검토 시간 별도부여
· '경험 · 상황면접 과제'에 작성한 내용을 토대로 공직가치 및 공무원이 갖
  추어야 할 도덕성, 인성 등 평가

Q2
평가의 기준은
어떻게 구성되어 있나요?

면접위원들은 5개 평가요소에 대해 개별 응시자별로 상-중-하로 평정한다. 6명의 면접위원 중 과반수4명 이상가 평정요소 5개 항목 모두를 "상"으로 평정한 경우에는 '우수' 등급을 받게 된다. '우수' 등급을 받은 응시자는 '합격'이다.

반면, 면접위원의 과반수가 평정요소 5개 항목 중 2개 항목 이상을 "하"로 평정하거나, 위원의 과반수가 어느 하나의 동일한 평정요소를 "하"로 평정한 경우에는 '미흡' 등급을 받게 된다. '미흡' 등급을 받은 응시자는 제2차 시험성적에 상관없이 '불합격'으로 처리된다.

'우수'와 '미흡' 등급 이외의 응시자는 '보통' 등급을 받게 된다. 이 경우 '우수' 등급자를 포함해 선발예정인원 이내에서 제2차 시험성적 순에 따라 합격자를 선발한다.

다만, '우수' 등급을 받은 응시자의 수가 선발예정인원을 초과하는 경우와 '미흡' 등급을 받은 응시자의 수가 탈락예정인원을 초과하는 경우에는 추가 면접시험을 실시할 수 있다.

아무리 제2차 필기시험 성적이 높아도 면접에서 낮은 평가를 받게 되면 불합격의 고배를 마실 수밖에 없다. 반면에 필기시험 성적이 상대적으로 낮더라도 면접에서 높은 평가를 받으면 합격의 기쁨을 맛볼 수도 있다. 결국 면접시험 결과가 합격의 향배를 최종 결정하는 것이다.

Q3
중점적으로 고려하는
평가 항목은 무엇인가요?

면접시험을 잘 치르려면 무엇보다도 '왜, 무엇을 평가하는지'를 응시자가 잘 파악하고 있어야 한다. 면접에 대한 이해도가 부족하면 적절한 준비와 대처도 어렵기 때문이다. 외교관후보자 선발시험에서 면접시험은 응시자가 장차 외교관으로서 역량을 잘 발휘할 수 있을지 살펴보는 자리다. 이를 위해서 실제 외교업무와 유사한 주제들을 '집단심화토의', '개인발표' 과제로 제시해 응시생의 역량을 평가한다. 앞부분에서 소개한 5개의 평정요소가 바로 역량 평가를 위한 항목들이다.

각 항목의 평정요소에 대해 좀 더 구체적으로 알아보기로 하자. 괄호 안에는 각 평정요소와 매치되는 외교역량 평가요소를 담았다. 이와 함께 어떤 방식의 면접에서 해당 평정요소가 주로 평가되는지도 제시했다.

① 공무원으로서의 정신자세 (국익과 공익에 대한 봉사와 헌신 / 윤리, 준법의식)
  - '개별면접'을 통해 평가한다.
  - 응시자가 외교관으로서 국익을 위한 봉사와 희생을 긍정적이고 당연하게 여기고 있는지 평가한다.

- 국민의 봉사자로서 공익에 입각해 법률과 규칙에 따라 공정하고 공평하게 의사를 결정하고 행동할 역량을 가지고 있는지 평가한다.

② 전문지식과 그 활용 능력 (위기상황관리 및 문제해결)
- '개인발표'에서 주로 평가하며, '집단심화토의'에서 일부 평가한다.
- 응시자가 위기상황 관리 능력 및 문제해결 능력을 갖추고 있는지 평가한다.
- 세부적으로는 업무와 관련해 필요한 정보가 무엇인지 파악하고 이렇게 수집된 정보를 활용해 위기상황 발생 가능성을 사전에 인지하여 예방하는 역량을 가지고 있는지 평가한다.

③ 의사발표의 정확성과 논리성 (외교교섭 / 협의 · 조정 능력)
- '집단심화토의'에서 주로 평가한다.
- 외교 교섭 및 협의 · 조정 능력을 갖추고 있는지 평가한다.
- 타당성 있는 논리적 근거에 기반하여 구체적인 의견과 방안을 제시함으로써 최선의 교섭 결과를 창출하는 능력이 있는지 평가한다.
- 다양한 이해관계가 관련된 사안에 대해 당사자 간 이견을 조율하고 협력을 이끌어냄으로써 공정하고 균형 있는 해결책을 제시하는 능력을 갖추고 있는지 평가한다.

④ 예의, 품행 및 성실성 (다문화 이해 / 관계 구축 및 활용)
- '집단심화토의'에서 주로 평가하며, '개별면접'에서 일부

평가한다.
- 국제사회의 일원으로서 다양한 가치관, 문화, 제도 등에 대한 이해력과 포용력을 지님으로써 상대방과의 관계를 원활히 하는 능력을 갖추고 있는지 평가한다.
- 이를 바탕으로 본인이 선정한 목표를 끝까지 수행함으로써 결과를 창출할 능력을 갖추고 있는지 평가한다.

⑤ 창의력 · 의지력 및 발전 가능성 (전략적 사고 / 비전(목표) 제시 / 리더십)
- '개인발표'에서 주로 평가한다.
- 전략적 사고와 비전_{목표} 제시 능력, 리더십을 갖추고 있는지 평가한다.
- 세부적으로는 업무수행에 앞서 전략과 목표를 고려하여 우선순위를 명확히 하고 구체적 · 현실적인 계획을 수립해 보다 효과적 · 효율적으로 업무를 수행할 능력을 갖추고 있는지 평가한다.
- 장기적 · 통합적 관점에서 목표를 설정하고 그 대안과 우선순위를 명확히 구성하며, 적극적으로 솔선수범할 능력을 갖추고 있는지 평가한다.

Q4
집단심화토의 면접을
잘 보는 방법이 있을까요?

핵심을 짚어 간략하게 말하기

의견을 말할 때는 먼저 핵심을 간략하게 언급한 다음 구체적인 설명을 덧붙이는 방법이 좋다. 무엇보다 유의해야 할 점은 논점에서 벗어나지 말아야 한다는 것이다. 또한, 발언은 장황하거나 길게 이어 가지 않도록 주의해야 한다. 핵심이 흐려질 뿐만 아니라 비논리적인 사람으로 평가받을 수 있기 때문이다. 설사 과제 해결을 위해 좋은 의견을 말한다 해도 혼자서 너무 시간을 지체하면 감점 요인이다. 면접위원의 눈에는 자기중심적으로 비치기 쉽다.

경청하고 배려하기

집단토의에서는 자신의 발언 내용만 평가대상이 되는 것이 아니다. 다른 토의자의 의견을 듣는 자세, 남에 대한 배려와 존중, 함께 이루어 내려는 협력의식 등도 중요한 평가요소가 된다. 다른 토의자들의 의견을 경청하고 상대방의 의견을 존중하는 태도는 평가위원에게도 호감을 줄 수 있다. 배려와 겸손함은 공동체 속에서 팀워크를 이루는 데 도움이 될 뿐만 아니라 자기와 다른 문화적 배경을 가진 사람들과 더불어 일을 하는 외교관에게 꼭 필요한 덕목이기 때문이다. 그렇다고 자신의 의견을 표시하지 않으면 점수를 받을 수 없음에 유의하자.

합리적 대안을 제시하기

집단토의의 목적은 말로써 상대방을 제압하는 데 있지 않다. 토의란 주어진 과제에 대해 가장 적절한 해답을 찾아가는 과정이다. 당연히 논리적이고 합리적인 대안을 제시하는 응시자에게 눈길이 갈 수밖에 없다. 특히 그 대안이 새롭고 참신한 것이라면 더 높은 평가를 받을 수 있다. 만약 의견을 자주 내며 토의를 주도한다고 해서 좋은 평가를 받을 것이라 생각하는 것은 '착각'이다. 관건은 의견의 횟수가 아니라 의견의 질이다.

모두 발언과 질의·응답은 영어로, 토론은 우리말로 말하기

집단 심화토의 면접은 먼저 주어진 과제를 검토하여 내용을 작성하는 시간이 주어진다. 이후 면접실에 가서 집단토의를 하게 된다. 먼저 응시자는 1인당 3분 이내로 영어로 모두 발언을 한다. 이후 팀을 나누어 우리말로 토의를 하게 되는데, 각 팀은 같은 주제에 대해 서로 다른 입장에서 해석한 제시문을 받는다. 토의할 때 주의할 점은 자기의 주장이나 의견만 개진해서는 안 되고 상대방의 의견을 경청하면서 타협점을 모색해 나가야 한다는 것이다. 토의가 끝나면 면접위원과 질의·응답을 하게 되는데, 이때 영어로 답해야 한다.

외교 현안을 공부하기

집단토의에서는 시사성 있는 외교현안이나 국제적 이슈에 대한 과제가 주제로 제시될 가능성이 크다. 물론 기본 자료가 함께 제공되지만 내용이 제한적이다. 토의과제가 평소 인지하고 있는 사안이냐 아니냐에 따라 응시자의 토의 및 발표 내용은 큰 차이가 날 수밖에 없다. 따라서 우리나라의 외교현안과 국제 이슈에 지속적으로 관심을 갖고 관련 지식과 정보를 파악해 둘 필요가 있다. 특히 현안에 대해 논조가 서로 다른 신문들의 사설을 비교해 검토해 보는 것도 자신의 의견을 논리적으로 정리하는 데 도움이 된다.

토의와 발표를 연습하기

집단토의는 혼자서 준비하는 데 한계가 있다. 소규모 스터디 그룹을 구성해 꾸준히 토론 연습을 하며 현장감을 익혀야 한다. 토의는 한국어로 하지만 모두 발언과 질의·응답은 영어로 해야 한다는 점도 유의해야 한다. 영자신문의 사설과 해외 방송 매체의 뉴스를 틈나는 대로 봐 두는 것을 추천한다. 국내외 TV 토론 프로그램을 보며 자신의 역할을 정해 이미지 트레이닝을 하는 것도 한 가지 방법이다.

Q5
개별면접을
잘 보는 방법도 있을까요?

개별면접에서는 다섯 가지 요소 중 공직가치, 공무원이 갖추어야 할 도덕성, 인성 등에 관한 평가에 중점을 둔다. 아무리 전문 지식과 의사 표현 능력이 뛰어나더라도 공직자로서 기본을 갖추고 있지 않으면 외교관으로서 적합하지 않기 때문이다.

집단심화토의 면접 때와는 달리, 개별면접에서 응시자는 아마도 차가운 벌판에 홀로 서 있는 듯한 느낌을 받게 된다. 아래 내용은 응시자들이 면접시험에서 흔들림 없이 역량을 발휘할 수 있도록 '면접에서 좋은 평가를 받는 방법', 즉 '면접의 기술'을 간추려 정리한 것이다. 그러나 결코 잊지 말라. 면접은 역량을 평가받는 자리이기도 하지만 면접위원과 응시자가 소통하는 자리이기도 하다는 것을. 그리고 간절함과 진솔함이야말로 가장 훌륭한 '면접의 기술'이라는 것을.

솔직하게 대답하자

공직가치 · 인성 면접에서 면접위원들은 응시자들이 쓴 과제 내용을 토대로 품성을 파악한다. 다양한 질문을 던져 응시자가 쓴 과제 내용이 사실인지도 확인한다. 그 대표적인 방법이

상황Situation – 임무Task – 행동Action – 결과Result 를 단계적으로 묻는 'STAR 기법'이다.

면접위원들은 '그래서 어떻게 됐습니까?', '그 상황에 무엇을 느꼈습니까?', '그래서 어떻게 해결했습니까?', '그로 인해 어떤 영향을 받았습니까?'와 같은 질문을 순차적으로 던진다. 부드럽게 대화를 이끌어 가면서도 집요하게 파고드는 면접위원들의 질문에 응답하다 보면 자기도 모르게 '실수'가 나오기도 한다. 이때 과제물에 쓴 내용과 다른 이야기를 하면 거짓을 기술한 것으로 여겨지기 쉽다. 인성 평가에서 치명적인 결함을 노출시키는 것과 마찬가지다. 외교관에게 요구되는 중요한 품성 중 하나가 바로 정직성이기 때문이다.

그렇다면 어떻게 해야 할까? 먼저 개별면접 과제를 사실에 입각해 솔직하게 작성하고, 면접위원의 질문에도 진솔하게 대답하는 것이 가장 중요하다. 그래야 어떤 질문을 받더라도 거짓말을 하게 되는 잘못을 범하지 않을 것이다. 인성 평가에서 '미흡' 판정을 받는 사람은 실패를 경험한 사람이 아니라 실패를 말로 덮으려는 사람이다.

유효 포인트를 올리자

면접에서 좋은 평가를 받으려면 '유효 발언'을 해야 한다. 축구경기에서 슛을 아무리 많이 날려도 골문에 들어가지 않으면 아무 소용없는 것과 같은 이치이다. 면접에서 아무리 말을 많이 해도 평가요소를 충족시키는 대답을 하지 못하면 좋은 평정을 받을 수 없다.

면접위원은 다섯 가지 평정요소를 염두에 두고 면접을 한다. 집단심화토의 면접에서는 의사표현의 정확성과 논리성, 예의·품행 및 성실성에 대해 주로 평가한다. 직무역량 면접에서는 전문지식과 그 활용능력, 창의력·의지력 및 발전 가능성에 대해 평가를 한다. 공직가치·인성 면접에서는 '공무원으로서의 정신자세'에 대해 평가한다. 이러한 평가요소들을 염두에 두고 자신의 신념과 경험 속에서 우러나는 적절한 답변을 찾아야 한다. 면접위원은 기대한 답변이 나오지 않으면 좋은 점수를 주지 않는다.

진정성으로 무장하자

개별면접에서 평가를 잘 받으려면 무엇보다도 면접위원의 마음을 움직여야 한다. 특히 공직가치·인성 면접에서는 더욱 그렇다. '진정성'이 없으면 면접위원은 마음을 열지 않는다. 자신이 왜 외교관이 되려 하는지, 앞으로 외교관으로서 무엇을 이루려 하는지, 뜨거운 포부와 비전을 가슴에 새기고 면접장에 가야 한다. 면접에서 평가는 다분히 주관적이라는 사실을 잊지 말자. 외교관의 꿈을 이루고 싶은 간절한 마음을 말한마디, 눈빛과 표정으로 느끼게 해야 한다.

질문의 의도를 파악하자

면접위원이 질문하는 의도를 잘 파악해 답하는 것도 매우 중요하다. 어떤 질문이든지 의미 없는 질문은 없다. 일반적인 질문처럼 여겨지더라도 그 안에 의도가 숨겨져 있다고 생각해야 한다.

사실 긴장한 상황에서 질문의 의도를 파악하는 것은 쉬운 일이 아니다. 그러나 의도를 파악해야 합당한 답을 내놓을 수 있다. 상대의 의도를 읽을 수 있는 가장 현명한 방법은 '역지사지'다. 만약 면접에서 비슷한 질문이 반복된다면 그 의도를 한 번쯤 곱씹어 봐야 한다.

가급적 결론부터 먼저 답하자

면접위원의 질문을 받으면, 먼저 결론부터 짧게 답한 다음에 답변의 근거나 보충 설명을 하기 바란다. 일반적으로 잘 알려진 '면접의 기술'인데도 막상 실전에서는 응시자의 상당수가 제대로 답하지 못하는 모습을 보이곤 한다. 가령 "최근 세계경제 상황이 어떻다고 생각합니까?"라는 질문을 받았다고 하자. 이에 대해 유럽 국가들은 어떻고 아시아는 어떻고 하는 식으로 장황하게 설명한다면, 아마도 면접위원들은 답답해할 것이다. 이런 경우엔 "세계경제 상황이 매우 어렵다고 생각합니다."라고 결론을 먼저 말한 다음 수치나 통계로 부연설명을 하는 것이 적절한 답변 방법이다. 면접위원들은 자신을 기다리게 하는 응시자에게 결코 우호적이지 않다.

자신 있게 말하자

면접에서 질의에 답하거나 의견을 밝힐 때에는 스스로를 믿고 자신에 찬 목소리로 말해야 한다. 겸손한 태도를 보이는 것은 좋지만, 정도가 너무 지나치면 자신감이 없거나 소극적인 사람으로 비치기 쉽다. 외교관은 대화로 설득하고 문제를 풀어내는 직업인데 소극적인 태도로는 상대방에게 신뢰감을 주기 어렵다. 그런 점에서 수동적인 태도는 커다란 감점 요인이다. 설령 자신이 모르는 부분에 대해 질문을 받더라도 어눌하거나 기어들어 가는 목소리로 답하는 것은 금물이다. 오히려 "잘 모르겠습니다. 다음에는 꼭 답을 찾겠습니다."라고 분명하게 대답하는 것이 낫다.

말하기 능력은 훈련을 통해 얼마든지 향상될 수 있다. 방송 뉴스의 기사를 매일 소리 내어 읽는 것도 좋은 방법이다. 자신이 읽는 소리를 녹음해 들어 보면서 읽기 훈련을 계속하면 큰 효과를 볼 수 있다. 잘못된 말 습관을 하나씩 고쳐 나가면 말에 대한 자신감도 자연스레 붙게 될 것이다.

긍정 에너지를 품자

좋은 자질과 역량을 갖고 있음에도 면접에서 고배를 마시는 사람들이 종종 있다. 그간의 경험으로 봤을 때, 그런 이들의 공통점 중 하나는 바로 인상이 어둡거나 평소 찡그린 표정의 소유자라는 것이다. 외교관은 다양한 문화와 인종적 배경을 가진 수많은 계층을 상대해야 하는 사람이다. 때로는 자신과 대한민국에 호의적이지 않거나 심지어 적대적인 마음을 가진 사람과도 머리를 맞대야 한다. 어떤 상황에서도 온화한 표정과 평정심을 흐트러뜨리지 않는 것은 외교관에게 훌륭한 화법 못지않게 중요한 능력이다.

사람에 대한 첫인상은 불과 1분도 안 되는 짧은 시간에 결정된다고 한다. 면접장에 들어와 "안녕하십니까. ○○○입니다."라고 인사하고 면접위원과 몇 마디 나누는 사이에 그 응시자에 대한 첫인상이 각인되는 셈이다. 긍정적인 마음은 표정을 밝게 만들고, 밝은 표정은 다른 이에게 호감을 준다. 비단 면접을 위해서만이 아니라 일상의 삶을 위해서도 자신의 마음을 긍정적으로 바꿔 나갈 필요가 있다. 아마도 긍정 에너지가 면접의 결과도, 응시자의 미래도 어느새 밝게 바꾸어 놓을 것이다.

Q6
면접 때 복장은
어떻게 해야 하나요?

외교관후보자 선발시험 면접 공고 때 빠지지 않는 문구가 있다. "면접 복장은 격식을 차린 옷차림보다는 본인의 역량을 편하게 발휘할 수 있는 '평상복 옷차림'을 권장"한다는 내용이다. 그런데 막상 면접장에 가 보면 응시자들의 복장과 헤어스타일이 약속이라도 한 듯 똑같다. 남성 지원자는 검은색 양복에 감색 넥타이, 여성 지원자는 감색 또는 검은색 스커트에 흰색 블라우스와 쪽 머리 차림이다. 아마도 학원이나 주변에서 최대한 튀지 않는 복장을 조언해 주는 모양이다. 누군가는 탈락하는 경쟁의 자리이다 보니 옷차림에서도 '중간만 가자'는 전략을 택한 것이 이해는 간다. 다만, 외교관을 지망하는 젊은이들이 너무 천편일률千篇一律, 모든 사물이 다른 점이 없이 똑같음을 이름 적인 듯해 쓴웃음을 짓게 된다.

분명히 말하지만, 면접 복장은 평가에 전혀 영향을 주지 않는다. 격식을 차린 획일적인 옷차림을 권장하지 않으며, 본인의 역량 발휘에 지장을 주지 않는 평상복, 노타이 등 '간편한 옷차림'을 권장한다.

4 국립외교원 정규과정

외교관후보자 선발시험에서 제3차 시험 면접전형을 통과하면, 이제 외교관으로 임용되기 위한 마지막 관문만 남게 된다. 국립외교원에 입교해 약 1년간의 정규과정을 밟는 일이다.

외교관후보자 선발시험에 최종 합격한 외교관후보자는 국립외교원에 입교하여 약 1년간의 정규과정에 참여하며, 교육내용에 대한 성취도, 공직 수행 자세 및 가치관 등을 종합적으로 평가한 정규과정 종합교육성적이 기준 이상을 취득할 시, 5등급 외무공무원으로 임용된다.

몇 해 전만 해도 국립외교원 정규과정은 외교관후보자들에게 피 말리는 경쟁의 장이었다. 채용 예정 인원보다 많은 수의 후보자를 선발시험으로 뽑은 뒤, 국립외교원 정규과정의 종합교육 성적에 따라 상대평가 방식으로 일정 인원을 반드시 탈락시켜야 했기 때문이다. 하지만 2017년 12월 30일 외무공무원법의 일부 개정에 따라 이러한 '강제 탈락'은 사라졌다. 채용 예정 인원대로 후보자를 최종 선발하는 데다 정규과정의 성적평가도 절대평가 방식으로 바뀌었기 때문이다. 이제는 정규과정의 종합교육 성적에서 5점 만점 중 3.25점 이상을 취득하면 수료 후 5등급 외무공무원으로 임용될 수 있다. 하지만 이전보다 정규과정의 교육 강도가 떨어지거나 평가의 잣대가 낮아진 것은 아니기 때문에 국립외교원 입교 이후에 더욱 철저한 자기관리가 필요하다. 상대평가 방식이 다른 후보자와의 경쟁이라면, 절대평가 방식은 다름 아닌 자신과의 싸움이다. 일정 수준 이상의 성적을 계속 유지하려면 고시생 생활을 1년간 더 한다는 각오로 공부해야 한다.

외교관후보자 정규과정의 수준은 미국 '아이비리그' 대학원 수준과 큰 차이가 없는 것으로 평가된다. 해외에서 이 정도 수준의 교육을 받으려면 학비로만 20만 달러 정도가 들 것이라고 한다. 최고의 강사진이 최고의 시설에서 교육을 한다. 최고의 외교관이 되기 위해 밑바탕을 다지는 소중한 기회라고 생각하고 '감사하며 공부를 즐기는' 자세가 필요할 듯하다.

정규과정 목표 및 구성요소

외교관후보자 교육과정은 바람직한 공직소명의식을 바탕으로 풍부한 외교전문성과 역량을 겸비하고 국익과 인류번영에 공헌할 외교관을 양성하는 것을 목표로 한다.

① 공직소명의식 Sense of Mission
공직자로서의 사명감, 대국민 서비스 정신, 역사의식 등의 함양을 통해 국민과 국가, 인류에 공헌하는 공직소명의식을 가슴에 품은 외교관을 양성한다.

② 외교전문성 · 역량 분야Professional Competencies for Diplomats

국제법, 국제정치, 경제안보, 과학기술외교, 외무행정, 영사 업무, 지역연구 등 제반 분야에 대한 전문 지식을 실무교육과 융합함으로써 전략적 사고, 위기관리, 교섭능력 등 외교관에 필요한 종합적 외교역량을 배양한다.

③ 외국어 Foreign Language for Diplomats

글로벌 커뮤니케이션 및 네트워킹에 필요한 영어와 제2외국어 구사 능력을 함양하여 세계와 소통하는 외교관을 양성한다.

정규과정 목표 및 구성요소

공직소명의식과 외교전문성 · 역량을 겸비한 외교관 양성

SOM 공직소명의식
(Sense of Mission)

PCD 외교전문성 · 역량분야
(Professional Competencies
for Diplomals)

공직소명의식
외교전문성 · 역량

FLD 외국어
(Foreign Language for Diplomats)

학기 과정과 학기 외 과정

정규과정 교육생은 학기 과정 26주2학기제, 학기별 13주와 학기 외 과정 18주 등 총 45주간에 걸쳐 수준 높은 역량 교육을 받게 된다. 학기 외 과정에서는 국내현장학습 및 자기주도학습 주제발표회1주, 영어집중과정5주, 국가인재개발원 합동교육2주, 국립외교원 합동교육1주, 재외공관 실습4주, 외교부 본부 실습 4주 등을 거치게 된다.

정규과정 타임테이블

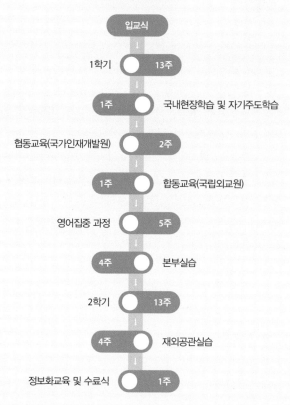

입교식

1학기 — 13주

1주 — 국내현장학습 및 자기주도학습

협동교육(국가인재개발원) — 2주

1주 — 합동교육(국립외교원)

영어집중 과정 — 5주

4주 — 본부실습

2학기 — 13주

4주 — 재외공관실습

정보화교육 및 수료식 — 1주

Q1

교육과 평가는
어떤 식으로 이뤄지나요?

교육생들에게 바람직한 공직소명의식, 풍부한 외교 전문성과 역량, 언어 구사능력 등을 배양하며, 외교부 본부와 재외공관 실습, 현장학습, 특별강의, 봉사활동, 외부 교육훈련기관 위탁 교육 등도 실시한다. 정규과정 학기 수업은 주중 오전 9시부터 오후 6시까지 진행된다. 대학교나 대학원 수업과 비슷하지만 강도가 높은 편이다. 교육은 실제 사례를 중심으로 케이스 스터디, 토론, 발표, 시뮬레이션 등 다양한 기법을 활용해 이뤄진다. 전직 대사가 출강해 문서작성법을 가르칠 정도로 교수 및 강사진의 수준이 높다. 매 학기별 중간고사와 기말고사, 두 차례 시험을 본다. 영어집중과정에서는 매주 모듈이 끝날 때마다 시험을 보기도 한다. 흔히 외교관을 '끊임없이 공부해야 하는 직업'이라고 하는데, 이는 정규과정 교육생들에게도 해당된다.

Q2
영어집중과정은
어떻게 진행되나요?

요즘 외교관후보자들은 영어를 매우 잘한다. 국립외교원에서
는 단순히 영어를 잘하도록 가르치는 것이 아니라 외교관으
로서 꼭 필요한 영어를 가르친다. 다양한 상황에서 외교관들
이 쓰는 특별한 용어를 교육한다. 협상할 때, 상대를 설득할
때 어떤 용어를 쓰는지를 가르치는 식이다. 외국에서 살다 와
서 생활영어를 현지인처럼 하는 사람이 점수가 잘 나오는 체
제는 아니다. 실제로 외교영어를 배워서 써먹을 수 있는 능력
을 평가하는 것이다. 총 5주간 집중적으로 교육시킨다. 전화
영어부터 협상, 토론, 연설, 국제회의 시뮬레이션, 브리핑에
이르기까지는 외교관들이 부딪히는 다양한 상황에 맞는 영어
를 가르친다. 네 명의 영어 전담 강사가 2년간 심혈을 기울여
개발한 영어 프로그램들을 활용한다. 외교영어와 연설문 작
성 등에 대해서는 옥스퍼드 대학 등에서 해외 유명 강사들을
초빙하기도 한다. 이들과 국립외교원 강사들이 공동으로 과
정을 진행한다.

교육 시설이나 환경은
어떤 편인가요?

교육생들은 교육기간 중 외무공무원 5등급 1호봉에 해당하는 봉급의 80%에 상당하는 금액과 그 밖에 교육에 필요한 실비를 지급받는다. 또한, 산재보험, 건강보험, 고용보험, 국민연금에 가입한다.

첨단시설을 갖춘 다양한 강의실이 마련되어 있다. 일례로 1강의실에서는 화상으로 미국 대사관 직원들과 회의를 할 수도 있다. 학생들 자리에 인터넷 시설과 마이크 설비가 되어있는데 마이크를 사용하면 녹화카메라가 자동으로 비춰 준다. 국제회의 시뮬레이션 룸도 있다. 특히 3층 도서관 시설이 아주 좋다. 외교 분야의 다양한 서적이 있어서 많은 교육생이 도서관을 이용한다. 여가로 활용하고 스트레스를 풀 수 있는 여러 시설도 마련돼 있다. 테니스장, 농구장, 축구장, 탁구장, 헬스장 등이 있는데 교육생들은 단시간에 스트레스를 풀고 운동효과도 볼 수 있는 탁구장과 헬스장을 애용하는 편이다.

시간관리와
체력

외교관이 되려는 젊은이들에게 두 가지를 강조하고 싶다. 하나는 집중해서 준비하라는 것이고 다른 하나는 멘탈과 체력 관리를 잘 하라는 것이다.

외교관에 도전하기로 마음먹었으면 최대한 빠른 기간 안에 외교관후보자 선발시험에 합격해야 한다. 외교관후보자 선발시험은 오래 준비한다고 절대 유리한 게 아니다. 가장 합격률이 높은 시기는 시험준비를 시작한 지 1~2년 차다. 3년이 넘으면 합격률이 오히려 떨어진다. 외교관이 되기로 마음먹었으면 모든 것을 접어 두고 공부에 전념하기를 권한다. 관건은 공부하는 기간이 아니라 얼마나 집중력을 발휘하여 준비하느냐이다.

나는 몇 년 동안 계속 외무고시에서 떨어졌었다. 근소한 점수 차이로 떨어질 때가 더 문제였다. 다음엔 합격할 것 같은데 역시 고배를 마시곤 했다. 도전을 포기하고 민간기업에 취업했다. 그러나 만족할 수가 없었다. 일 년 동안 일하다 사표를 내고 이듬해 제2차 시험에 대비해 준비를 시작했다. 시험이 꼭 두 달 남았다. 1월과 2월 영하 20도까지 내려가는 새벽에 남산시립도서관에 가서 하루 12시간씩 공부했다. 내 인생에서 그때만큼 집중해서 공부한 적이 없었다. 이번에 낙방하면 달리 길이 없다는 '절박함' 때문이었다.

그 절박함 덕분에 나는 외무고시에 합격했고 외교관이 되었다. 돌이켜보니 전에 이렇게 집중해서 공부했더라면 합격 시기를 몇 년은 더 앞당겼을지도 모르겠다는 생각이 들었다. 외교관이 되려면 '시간을 아껴라' 그리고 무엇보다도 '집중해서 공부하라'고 조언하고 싶다. 젊을 때라서 앞으로도 시간은 많은 듯 여겨지겠지만, 시간의 무게는 점점 더 무거워지는 법이다.

정신력과 체력 관리를 잘 해야 한다. 장시간 앉아서 공부해야 하고 또 정신적인 중압감도 크기 때문에 강한 체력과 정신력이 뒷받침되지 않으면 쉽게 지치고 무너지기 쉽다. 외교관의 밝은 꿈으로 정신을 무장하면서 평소 꾸준히 체력을 기르기 바란다.

I am a diplomat

Part 3 성공한 외교관이란

1 외교관에게 필요한
자질과 덕목

— 21세기 슈퍼맨 외교관

성공하는 외교관이 되려면 어떤 자질과 덕목을 갖추어야 할까? 불가능한 임무를 수행해 내는 첩보원의 세계를 다룬 영화 〈미션 임파서블〉과 상상 불가의 초능력으로 인류를 구해내는 외계 행성 출신 영웅의 스토리를 담은 영화 〈슈퍼맨〉. 영화처럼 기발하고 화려하진 않지만, 때론 정말 수행하기 어려운 임무를 마치 초능력과 같은 열정으로 해내야 하는 사람이 바로 외교관이다. 그래서일까? 나는 외교관이라는 단어를 생각할 때마다 〈미션 임파서블〉과 〈슈퍼맨〉의 주인공이 머릿속에 함께 떠오른다.

요즘처럼 세계 각국이 이해관계에 따라 날카롭게 맞서는 상황에서 외교관은 총성 없는 전쟁에서 총칼 없이 싸우는 군인과 다를 바 없다. 혹자는 그래서 외교관을 '올리브 잎을 든 전사'라고 부르기도 한다. 우리나라의 경우, 외교관의 임무는 더욱 특별하다. 강대국에 둘러싸인 대한민국의 지정학적 숙명이랄까, 한반도를 둘러싼 외교 안보환경은 카멜레온의 피부색처럼 시시각각 변하고 있다. 북한 핵과 미사일 기상도에 따라 한반도의 정세는 요동치고, 아시아를 둘러싼 미국과 중국의 패권 어느 집단, 국가 등을 주도하는 공인된 권력이나 힘 싸움은 대한민국에

^ 2011년 유엔 인권이사회에서 기조연설

피를 말리는 선택을 강요하기도 한다. 이런 가운데 이웃 나라 일본은 경제적 저력을 바탕으로 자국의 외교적 영향력을 높이기 위해 철저히 계산된 행보를 보인다.

그렇다면 대한민국의 내부 사정은 어떠한가. 경제 부문에서는 성장 동력이 꺼지는 것이 아닌지 우려하는 목소리가 높고 미래 먹거리에 대한 불확실성이 우리를 불안하게 한다. 저출산·고령화 사회에 접어들었지만, 미래를 이끌어 나갈 젊은 이들이 일자리를 구하지 못해 절망과 좌절 속에 고통받고 있다. 부존자원이 적고 대외 무역에 의존해 살아가는 대한민국에 외교란 국가의 생존과 직결되는 매우 중요한 일이다. 그런 점에서 우리나라 외교관은 나라의 운명을 개척하는 역할까지 맡고 있다고 해도 과언이 아니다.

2023년 현재 우리나라와 수교한 국가는 세계 192개국에 달한다. 남북한 동시수교국은 156개국이다. 유엔 193개 회원국 중 남북한을 제외하고 188개국과 유엔 비회원국으로는 교황청, 쿡제도와 수교관계를 맺고 있다. 유엔 회원국 중 시리아와 쿠바 2국과는 외교관계가 아직 개설되지 않았다. 팔레스타인은 정식 국가로 승인하지 않고 팔레스타인 자치정부를 '팔레스타인 지역의 유일한 합법적 대표기구'로서만 인지하고 있다. 우리나라와 가장 먼저 외교관계를 수립한 국가는 미국1882년이며, 가장 최근 외교관계를 맺은 국가는 북마케도니아2019와 니우에2023 이다. 국제 외교 무대에서 수교국의 수는 국력의 잣대로 여겨지기도 한다. 1970년까지 우리나라의 수교국은 82개국에 불과했고, 서울올림픽이 열렸던 1988년 당시의 수교국은 129개국이었다. 우리나라가 서울올림픽 이후 20년 만에 대부분의 유엔 회원국과 국교를 맺은 일은 과거와 달라진 대한민국의 위상을 보여주는 것이기도 하다.

외교관에게 필요한
자질과 덕목은 무엇인가요?

외교관으로 살아오면서 경험했던 것을 바탕으로 외교관에게
필요한 자질이 무엇인지 5가지로 나누어 설명하고자 한다.

애국심과 충성심

"내가 사람의 방언과 천사의 말을 할지라도 사랑이 없으면
소리 나는 구리와 울리는 꽹과리가 되고."

세기의 베스트셀러 『성경』에 나오는 유명한 구절이다. 외교
관의 경우도 마찬가지라고 생각한다. 제아무리 화려한 언변
을 자랑한다 해도, 그 가슴에 나라에 대한 사랑이 없다면 아
무 말이나 흉내 내는 앵무새와 다를 바 없다. 나는 외교관에
게 가장 중요한 덕목이 무엇인지 꼽으라면 주저 없이 애국심
을 들겠다. 외교관은 대한민국을 대표해 국가와 국민을 위해
일하는 공직자이기 때문이다. 애국심은 외교관이 열정을 갖
고 국가에 헌신하게 하는 힘의 원천이다.

수년 전까지 중국의 외교정책을 총괄했던 다이빙궈 전 외교
담당 국무위원2008~2013 은 『전략대화-다이빙궈 회고록』에서
"외교관은 죽음을 두려워해서는 안 된다."고 했다. 외교관은

국가와 국민을 위해 일하다가 언제라도 자신을 희생할 각오를 해야 한다는 의미일 것이다. '양복 입은 군인'이라는 별칭처럼 국제무대에서 총칼 없는 전쟁을 치러야 하는 것이 외교관이다. 때론 전쟁 중에도 앞장서서 적대국과 담판을 벌여야한다. 실제로 협상하러 적진에 들어갔다가 목숨을 잃은 외교관도 있다. 애국심 없이는 국가를 위해 몸을 던지기가 쉽지않다. 국가에 대한 애국심과 충성심은 외교관에게 가장 필요한 덕목이자 가장 큰 무기이기도 하다.

소신과 용기

고려 시대의 충신 정몽주는 충절의 상징으로 널리 알려졌지만, 용기와 소신을 지닌 빼어난 외교관이기도 했다. 고려 말왜구들의 노략질이 점점 심해지자 조정에서는 일본으로 사신을 보내 화친나라 간에 다툼 없이 가깝고 두텁게 지냄을 도모했다. 그런데이 사신은 임무를 수행하기는커녕 왜구의 장수에게 붙잡혔다가 겨우 죽음을 면하고 돌아왔다. 그러자 평소 정몽주에게 앙심을 품고 있던 권신들이 그를 사지로 내몰았다. 일본으로 건너가 왜구의 단속을 요청할 사신으로 그를 추천한 것이다.

사실 정몽주는 험한 바닷길에 트라우마가 있었다. 이보다 앞서 그가 서장관임금에게 보고할 글을 기록하는 관리으로 명나라를 다녀오던 때의 일이었다. 거센 풍랑으로 배가 난파돼 일행이 익사하고, 그는 13일이나 사경을 헤매다 구사일생으로 구조되었다. 그로서는 바다만 봐도 악몽이 떠오를 만했다. 게다가 왜구가들끓는 일본에서 무슨 험한 일을 당할지도 모르는 상황이었다. 하지만 모두가 위태롭게 여기던 임무를 정몽주는 두려워하는 기색 없이 받아들였다. 그는 일본으로 건너가 양국이 왕래함으로써 얻는 이해득실利害得失, 이익과 손해, 얻음과 잃음 을 잘 설명해 임무를 완수했고 왜구에게 잡혀갔던 고려 백성들까지 데리고 돌아왔다. 대의를 위해 자신을 던지는 용기, 험한 파도와 날카로운 창칼 앞에서도 흔들리지 않는 신념이 없다면 해낼 수 없는 일이었다.

사실 공직자로서, 또 외교관으로서 용기를 가지고 소신 있게 행동하는 것은 말처럼 쉬운 일이 아니다. 관료사회에는 스스로 책임질 일을 만들지 않고, 그저 시류에 따라 처신하는 풍조가 존재하기도 한다. 하지만 외교관은 해외에서 국가를 대표하는 공직자로서 그 행위가 국가적으로 미치는 영향력이 매우 크다. 외교관 생활을 하다 보면 현장에서 여러 가지 상황과 마주칠 수밖에 없는데, 이때 흔들림 없이 임무를 수행하려면 무엇보다도 소신信念과 용기가 필요하다. 나의 일이 국가와 국민을 위한 것이라는 신념, 힘들고 어려워도 앞으로 나아갈 수 있는 용기가 있다면 이미 훌륭한 외교관이라고 생각한다.

정직과 신뢰

"대사란 자국의 이익을 위해 거짓말을 하도록 해외로 보내는 가장 정직한 사람이다An ambassador is an honest man who is sent to lie abroad for the good of his country."

16 ~17세기 영국의 작가이자 외교관이었던 헨리 워튼 경Sir Henry Wotton 이 남긴 유명한 말이다. 과거 외교가에서 종종 인용되던 이 말은, 17세기 초 워튼 경 자신이 외교관으로서 임무

를 수행하러 독일의 아우크스부르크로 떠나면서 했던 말이기도 하다. 당시 아우크스부르크는 유럽의 '핫 플레이스'였다. 당대 제일의 재벌인 푸거 가문Fugger Family 이 교역과 금융업을 크게 일으켜 유럽의 중심으로 떠오르던 상업도시였다. 또한, 종교개혁운동으로 갈등을 빚던 신교프로테스탄트 와 구교가톨릭 사이에서 공존을 위한 협상과 화해화해의 의논 가 계속 진행된 종교도시였다.

푸거 가문은 전 유럽에 지점망을 두고 사업은 물론 정치·경제 정보까지 수집했는데, 아우크스부르크는 그런 고급 소식이 집결되는 정보의 도시이기도 했다. 워튼 경은 치열한 정보전이 벌어지는 아우크스부르크로 부임하면서 '자국의 이익을 위해서라면 거짓말도 불사할 수밖에 없는' 자신의 처지를 특유의 어법으로 표현한 것이다. 하지만 그런 워튼 경조차 외교관의 전제조건으로 삼았던 것은 바로 '정직한 사람an honest man' 이었다.

지금 우리는 워튼 경이 활약했던 시대와 전혀 다른 세상에서 살고 있다. 왕권 시대의 옛 외교가 비밀외교였다면, 민주 시대의 현 외교는 공개외교에 가깝다. 그 시대에는 거짓말이 문제와 위기를 잠시 모면하는 임시방편이 될 수 있었는지 모르겠지만 현재 상황은 전혀 다르다. 교통과 통신의 비약적인 발달로 말의 진위를 가리는 데 많은 시간이 필요하지 않기 때문이다. 거짓말의 유효기간은 짧은 경우 분초에 불과하다. 국가 간의 관계에서 거짓말은 오히려 신뢰를 깨뜨리는 독이 될 뿐이다.

외교관은 권모술수權謀術數, 목적을 달성하고자 권세와 모략, 술수를 가리지 않는 것에 능하고 거짓말도 잘해야 한다고 여기는 이들이 있다. 하지만 실상은 정반대다. 외교관은 정직해야 하고 진정성이 있어야 한다. 물론 때로는 정직함 때문에 당장 불편함을 초래할 수도 있다. 하지만 정직해야 결국 상대로부터 신뢰를 받고, 파트너로서 인정을 받는다. 외교관이 한 번 신뢰를 잃으면 발붙일 곳이 없다. 외교의 기본은 신뢰이고 그 신뢰의 문을 여는 열쇠는 바로 정직과 진정성이다. 나는 워튼 경의 명언을 이렇게 바꿨으면 한다. "대사란 자국의 이익을 위해 해외로 내보내는 가장 정직한 사람"이라고.

관용과 배려

관용과 배려 덕목과 관련하여 수년 전에 일어난 '샤를리 에브도 테러 사건'에 대해 알아보자. 프랑스 파리에 있는 풍자 주간지 『샤를리 에브도』 잡지사 사무실에 이슬람 극단주의자들이 침입해 '무함마드이슬람교 창시자를 모욕했다'는 이유로 총기를 난사한 사건이다. 이 사건 이후 전 세계적으로 테러 행위에 대한 비난 여론이 빗발치는 가운데 프랑스 서점가에선 기이한 현상이 벌어졌다. 1763년에 출간된 계몽주의 철학자 볼테르의 『관용론』이 250여 년 만에 베스트셀러에 오른 것이다. 프랑스 국민들이 극단주의에 맞서기 위해 '관용'이라는 방패를 꺼내 들었던 셈이다. 대체 '관용'이란 무엇이기에 이러한 현상을 끌어냈던 것일까?

『관용론』에 따르면 관용, 즉 불어로 '톨레랑스tolérance'란 '종교를 포함해 서로 다른 생각과 행동 양식을 존중하고 이를 받아들이는 적극적인 태도'다. 또한, 종교적 광신주의, 극단적인 민족주의, 사회적 차별과 배척, 폭력과 같은 불관용에 맞서는 보편적 가치이기도 하다. 우리가 흔히 쓰는 사전적 의미의 관용, '너그럽게 용서함'과는 개념의 차이가 크다. 배려는 이러한 관용의 연장 선상에 있는 덕목이다. 상대방에 대한 이해와 존중을 바탕으로 상대의 입장을 헤아리고 상대를 위해 마음을 쓰는 것이 바로 배려라고 할 수 있다.

관용과 배려는 다양한 인종, 다양한 종교, 다양한 가치관이 뒤섞여있는 지구촌에서 인류가 더불어 평화롭게 살아가기 위해 꼭 필요한 덕목이다. 특히 여러 국가를 다니며 다양한 문화권에서 활동하는 외교관에게는 늘 몸에 배어 있어야 할 '생활 덕목'이기도 하다. 내가 알게 모르게 실천한 작은 관용과 배려가 훗날 더 큰 관용과 배려로 되돌아온다. 이처럼 관용과 배려의 가장 큰 특징은 사소해 보이지만 정말 커다란 영향력을 발휘하는 가치라는 점이다.

실제 외교 무대에서도 그런 일이 벌어진다. 한국과 한국의 외교관들이 다른 나라를 위해 펼친 작은 관심과 배려가 나중에 국제회의에서 한국을 지지하는 표로 돌아오기도 한다. 유네스코한국위원회 사무총장 시절, 우리나라가 유네스코 세계유산위원회 위원국 선거에 나갔을 때의 일이다. 21개 위원국으로 구성된 세계유산위원회는 세계유산협약을 집행하고 세계유산 목록 등재를 결정하는 힘 있는 기구이다. 세계 여러 국가가 위원국 진출을 원하고 있어, 이미 두 차례나 위원국을 역임한 우리나라의 선출 가능성은 불투명했다. 이때 예상치 못한 곳에서 도움의 손길이 다가왔다. 유네스코한국위원회가 국가위원회 웹사이트를 만들어 운영할 수 있도록 '배려'했던 카리브해와 남태평양 지역 국가들이 앞장서서 지지표를 모아 준 것이다. 결과는 사상 3번째로 위원국 진출이었다. 때때로 뉴스를 장식하는 국제 외교 무대의 소식 뒤에는 이런 비밀 아닌 비밀이 숨어 있다.

침착성과 인내심

"뛰지 마. 외교관은 뛰면 안 돼."

내가 초년 외교관이던 시절의 일이다. 급한 업무를 처리하느라 복도에서 뛰어가다가 고참 외교관과 마주쳤다. 그는 외교관은 국가를 대표하는 존재이기에 늘 침착하게 처신해야 한다고 조언했다. 외교관이 다급하게 뛰면 국가적으로 뭔가 위급한 상황이 벌어진 게 아니냐는 불안감을 줄 수 있다는 것이다. 그 뒤로 나는 아무리 급한 일이라도 다른 이에게 결코 뛰는 모습을 보이지 않았다. 해외에선 외교관의 일거수일투족이 관심의 대상이다. 외교관의 언행을 보고 파견국의 위상을 판단하기도 한다. 외교관의 불안정한 모습은 파견국의 이미지에도 좋지 않은 영향을 끼치기 마련이다. 반면, 외교관의 신중하고도 침착한 처신은 개인을 넘어 파견국에 대한 인정과 신뢰로 이어진다.

『외교론Diplomacy』의 저자로 유명한 영국의 외교관 해롤드 니콜슨 경은 이상적인 외교관의 7대 덕목으로 '진실성, 정확성, 인내심, 침착성, 관대함, 겸손, 충성심'을 꼽은 바 있다. 이 가

155

운데 침착성과 인내심은 동전의 양면과도 같다. 인내심은 분별력을 잃지 않고 감정에 휘말리지 않으며 평정심을 유지하는 마음이다. 인내심이 없다면 침착성이 발휘될 수도 없다. 외교현장, 특히 협상 무대에서 인내심은 외교관의 커다란 자산이다. '밀당'을 넘어 총칼 없는 전쟁이 벌어지는 협상 테이블에서는 서로 얼마나 인내심을 발휘하느냐에 따라 협상의 성공과 실패가 좌우되는 경우가 많다.

외교란 입력을 하면 곧바로 결과물이 나오는 컴퓨터와 출력기가 아니다. 한 끼 밥을 짓기 위해서도 뜸 들일 시간이 필요한데, 국가와 국가의 관계를 좌우하는 외교 활동에 있어선 두말할 나위가 없다. 외교현안은 오랜 기간에 걸쳐 쌓인 경우가 많아 이를 해결하는 데도 오랜 시간이 걸린다. 졸속 처리한 외교적 조치나 합의는 돌이키기 어려운 경우가 많다. 외교관은 당장 성과를 내는데 너무 급급하지 말아야 한다. 그래서 때로 외교는 기다림의 미학이기도 하다. 외교관에게 적극적인 기다림을 가능케 해주는 미덕은 바로 인내심이다.

위기대처 능력

외교관은 위기대처 능력이 있어야 한다. 외교관으로 일하다 보면 위기를 겪을 때가 많다. 해외에서 갑자기 초대형 재난이나 사건과 사고에 직면할 수도 있고 정변이 일어나 교민들을 긴급 대피시켜야 할 경우도 있다. 테러로 인해 인명피해가 발생할 수도 있다. 외교관은 예상치 못한 돌발사태에 대처할 수 있는 순발력과 능력이 있어야 한다. 언제 어디에서 긴급상황이 일어나도 당황하지 않고 잘 대처하려면 평상시 준비가 되어 있어야 한다.

내가 휴스턴 총영사로 있을 때 미국 최악의 재난 참사인 허리케인 카트리나가 뉴올리언스를 강타했다. 그곳에는 수천 명의 교민과 동포가 살고 있었다. 전 세계의 이목이 집중된 가운데 취재기자들이 쏟아져 들어오는 위급한 상황이었다. 나는 시시각각 올바른 판단과 조치를 해야 하는데 전에 이런 재난을 경험한 적이 없어서 불안감이 더 컸다. 가족의 생사를 묻는 전화가 영사콜센터에 빗발치는데 재난현장과 통신 두절로 교민과 동포의 생사를 확인할 방법이 없었다. 나는 재난현장에 직접 들어가야겠다고 결심했다. 미국 정부가 강제대피령을 내린 상태였지만 위험을 무릅쓰고 재난현장에 들어가 피해 상황을 직접 확인하고 미처 대피하지 못한 사람들을 구출해 냈다. 휴스턴 소재 83개 외국 총영사관 중 한국이 유일했다. 교민과 동포의 생사를 알 수 없어 대신 대피에 성공한 교민과 동포의 연락처를 파악하여 영사콜센터를 통해 알려주었다. 미주 한인 동포들을 대상으로 대대적인 성금 모금 운동을 전개하여 피해 교민과 동포에게 지원했다.

외교부는 신속대응팀을 설치하여 운영하고 있다. 신속대응팀은 전 세계에서 재난과 대형 사건·사고가 발생할 때 해외 재난현장에 급파하여 구호활동을 하는 특별 긴급구호팀이다. 반기문 장관이 2004년에 창설하여 이듬해 미국 허리케인 카트리나 재난 참사가 일어난 뉴올리언스 현장에 처음으로 파견했다. 재난이 발생한 후에 팀을 구성하면 신속하게 대응하기 어려우므로 평시에 본부 과장급 이하 직원 중에서 선발하여 만든 60명의 인력 풀pool로 민든 비상설 태스크포스이다. 신속대응팀은 사건 · 사고가 발생하면 아시아든 아프리카든 전 세계 어디든 달려간다. 이들은 현장에서 한국 교민이나 여행객을 구호하고 위기관리, 물자 제공과 피난 수송의 임무를 맡는다. 경미한 사안은 국장급이, 중대한 사안은 차관보가 신속대응팀장을 맡아 현지 공관장과 함께 구호활동을 벌인다.

외교관으로 일하는 동안 나는 사건 · 사고와 재난을 많이 겪었다. 허리케인 카트리나 재난을 비롯하여 2010년말 외교통상부 제2차관으로 임명된 이후에도 튀니지에서 촉발된 '아랍의 봄' 재스민 혁명이 이집트와 리비아로 번져 독재자 무바라크와 카다피 정권이 무너지는 격동의 현장에서 우리 국민을 보호하는 책임을 맡았다. 2011년 1월에는 삼호주얼리호가 인도양을 지나던 중 해적에게 피랍되는 사건이 일어났다. 석해균 선장은 해군의 아덴만 구조작전을 돕다 해적으로부터 전신에 총상을 입었지만, 그의 희생으로 선원 전원이 구출됐다. 내 임무는 '아덴만의 영웅' 석 선장을 한국으로 긴급 후송하는 일이었다. 서울공항에서 의식불명 상태인 석 선장의 참혹한 모습을 맞이했다. 아주대병원 의료진은 그의 생사를 확신할 수 없다고 했다. 그런 그가 288일간의 치료를 받고 기적적으로 회복했다. 그해 3월에는 동일본 대지진 참사 때는 정부의 대책본부장을 맡아 우리 국민의 대피와 일본을 돕는 일을 담당했다.

외교관에게 적합한
성격과 성향도 있을까요?

앞에서는 주로 인격적인 면에서 외교관의 자질과 덕목을 설명했다. 여기서는 스타일에 중점을 두고 외교관이 갖추어야 할 성격이나 성향에 대해 말하려고 한다.

외향적이고 적극적인 성격

외교는 사람과의 관계이다. 투철한 사명감만으로는 안 되고 특유의 사교성이 요구된다. 외교관은 외향적이고, 활발한 성격이어야 한다는 의미이다. 외교관은 정부의 명령에 따라 전 세계 어느 곳이든 가서 일해야 한다. 내성적이고 소극적인 성격으로는 업무를 제대로 수행하기 어렵다. 특히 재외공관에서 일할 때는 오찬 만찬과 파티가 많다. 그 기회에 사람들과 어울려 인적인 네트워크를 넓혀야 한다. 사람 만나기를 힘들어하는 소극적인 성격이면 파티를 즐기기는커녕 외교관의 삶 자체가 힘들다. 처음 만난 사람에게도 스스럼없이 다가가 손을 내밀고 친분을 쌓을 수 있는 서글서글한 친화력을 가져야 한다.

정확하고 철두철미한 성격

외교관에게는 냉철한 판단력이 필요할 때가 많다. 협상이나 회의를 할 때 단어 하나 문구 하나를 둘러싸고 치열한 씨름을 벌이는 경우가 허다하다. 따라서 매사 철두철미하고 치밀한 성격이어야 한다. 특히 각종 수치는 물론 사실관계가 정확해야 한다. 특히 외교장관 회담은 물론, 대통령이 수행하는 정상회담의 중요성이 갈수록 더 커지고 있는데, 잘못된 정보는 자칫 외교적으로 큰 문제가 될 수 있다. 평소 모든 일에 정확하고 철두철미한 성격이 되도록 노력하자.

균형감각

외교관은 편견이 없고 균형감각을 갖추어야 한다. 디지털 인터넷 시대에 우리는 정보의 홍수 속에서 살고 있다. 가짜뉴스와 극단적인 쏠림현상이 너무 심하다. 이성과 합리성보다 거짓과 선동이 난무하기도 한다. 고故 홍순영 외교부 장관은 "정리되지 않은 정보는 쓰레기"라고 말했다. 외교관은 다양한 국가와의 이해관계를 조율하고 갈등을 해결해야 한다. 외교관이 균형감각을 갖지 않으면 다양한 이해관계 속에서 자국의 이익이 어디에 있는지 냉철하게 판단하기 어렵다. 어떻게 하면 균형감각을 기를 수 있을까? 매일 국·영문 사설을 읽으면서 편견 없는 자기 주관을 갖도록 노력하는 것도 하나의 방법이다.

상대에 대한 존중과 솔선수범

요즘 시대에는 섬김의 리더십, 소통의 리더십, 솔선수범의 리더십이 중요하다. 또한, 리더로서 조직의 구성원을 존중하고 배려하는 마음이 매우 중요하다. 외교관은 언젠가 대사 또는 총영사로서 재외공관을 운영해야 한다. 재외공관에서 외교관들은 팀워크로 일을 해야 한다. 최근 우리 사회에 '갑질'이라는 용어가 많이 등장했다. 갑질은 권력 관계에서 우위에 있는 사람이 밑에 있는 약자에게 무례한 행위를 하는 것을 말한다. 특히 고위공직자가 갑질을 하면 국민적 지탄의 대상이 된다. 우리는 사람에 대한 존중이 중요한 가치가 된 시대에 살고 있다. 재외공관장도 권위의식을 내려놓고 공관 직원을 인격체로 존중해야 이들의 존경과 협조를 받고 소통할 수 있다. 상대국 국민에게도 진심으로 존중하는 마음으로 대할 때 공공외교도 빛을 발할 것이다.

Q3

어려운 외교관의 직분을
지탱해 주는 힘은 무엇인가요?

∧ 2008년 미국산 쇠고기 수입위생조건에 관한 고위급회담

외교관은 선진국에서만 근무하는 것이 아니다. 명령을 받으면 아프리카의 오지에도 달려가서 임무를 수행해야 한다. 그것이 외교관의 삶이다. 치안이 불안정하고 언제 정변의 위험을 겪을지 모르는 곳에서 일을 해야 한다. 말라리아는 물론 예방약도 치료약도 없는 뎅기열 등 치명적인 풍토병의 위험에도 노출되기 쉽다.

해외 근무를 하다 보면 부모가 돌아가실 때 임종을 지키지 못하는 경우도 있다. 중남미 같은 곳에 있으면 한국에 오는 데 이틀 가까이 걸리기 때문에 장례식이 지나 한국에 도착하는 경우도 적지 않다. 이뿐만이 아니다. 기본적으로 일거리가 많아 야근이 잦고 근무지를 옮겨 다니기에 자주 이삿짐을 싸야 한다. 수시로 주거 · 생활환경이 바뀌는 탓에 자녀교육 문제로 늘 고민을 안고 살아야 한다. 숱한 어려움에도 불구하고 외교관이라는 힘든 자리를 감당할 수 있도록 해 주는 것은 과연 무엇일까.

나는 허리케인 카트리나로 인해 뉴올리언스가 물에 잠기는 미국 최악의 재난 참사를 겪었다. 온 국민의 관심이 집중된 한 · 미 FTA에서 가장 민감한 분야인 농업협상 대표를 맡아 우리 농업의 피해를 최소화하기 위해 미국을 상대로 피를 말리는 협상을 하기도 했다. 민감한 정치적 이슈인 미국산 쇠고기 수입위생조건에 관한 협상에서 협상대표를 맡아 미국의 양보를 받아 협상을 타결했음에도 감당하기 어려운 고통의 시간을 보내기도 했다. 하지만 나는 한순간도 '내가 대한민국을 대표하는 외교관'이라는 생각을 잊은 적이 없다. 나는 비록 외교관으로서 역경과 시련이 컸지만, 이와는 비교할 수 없는 긍지와 가슴 벅찬 보람을 느낄 수 있었다.

외교관으로서 내가 평생 삶의 나침반으로 삼았던 것은 아버지가 주신 태극기였다. 외교관으로서 첫 해외 임지로 떠나던 날, 아버지가 보자기 하나를 내밀었다. 뜻밖에도 그 안에는 곱게 접은 태극기가 들어있었다. "어디를 가든 대한민국을 대표한다는 걸 잊지 마라. 어느 자리든 국가와 국민만 바라보고 일하라."는 깊은 의미가 담긴 선물이었다. 그 태극기는 오랜 외교관 생활 동안 내 가슴속에서 늘 펄럭였다. 오랜 기간 외교관 생활을 하는 동안, 큰 어려움에 처할 때마다 나는 그날의 태극기를 꺼내 보았다. 그러면 공직자로서 내가 가야 할 길이 뚜렷이 보이곤 했다. 아버지가 내게 준 태극기는 30여 년 공직자로 사는 동안 늘 내 마음을 지켜줬고, 혹독한 시련의 계절에는 큰 위로가 됐다.

외교관이 갖춰야 할
비즈니스 마인드는 무엇인가요?

우리나라 경제는 대외의존도가 매우 높다. 2017년 88.1%로 조금 떨어지긴 했지만 2011~2013년 연속 100%를 넘었다. 반면 미국과 일본의 대외의존도는 30%대다. 내수시장이 약하고 무역의존도가 높을수록 세계 무역환경의 변화에 더 영향을 많이 받는다. 세계 자유무역 질서가 안정적으로 유지되어야 우리에게 유리한데, 세계는 보호무역주의와 자국우선주의로 가는 경향을 보이고 있다. 세계무역기구wTO 등을 근간으로 한 자유 교역 질서가 약화되고, 어떤 수단을 동원해서라도 국내 시장을 보호하는 시대에 접어든 것이다. 이럴 때일수록 경제통상 분야에서 외교관의 역할이 중요하다. 특히 무역으로 먹고사는 우리에게 해외 시장을 확보하고 새로 개척하는 것은 생존과 직결된 문제다. 외교관들이 국가대표 '세일즈맨', '비즈니스맨'이라는 의식을 갖고 두 팔을 걷어붙이고 나서야 하는 이유다. 부존자원이 적고 무역의존도가 높은 우리나라에서 '비즈니스 마인드'는 외교관에게 꼭 필요한 덕목이라고 볼 수 있다.

외교관이 직접 상품을 판매할 수는 없지만, 자국 상품을 해외에서 판매할 수 있도록 시장을 열어 주고 관련 정보를 제공하고 지원하는 역할을 해야 한다. 실제로 경제 · 산업 · 통상에 관한 생생한 고급 정보를 수집해 본국에 보고하는 일, 현지에 진출한 우리 기업의 애로사항을 해결하고 이들의 활동을 지원하는 일은 재외공관의 주요 업무 중 하나로 손꼽힌다.

Q5
노련한 협상가가 되려면
어떻게 해야 하나요?

노련한 협상가가 되기 위해서는 무엇을 얼마나 주고 어떻게
받을 것인가를 잘 판단하고 협상해야 한다. 기자이자 소설가
인 마크 트웨인1835~1910 은 외교를 이렇게 풍자한 바 있다.

"외교의 원칙은 주고받기Give and Take 다. 다만 하나를 주고 열을
받으려 한다."

비록 하나를 내주고 열을 받아 내는 힘에 의한 일방적인 외
교의 시대는 저물었지만, 마크 트웨인은 '주고받기'가 외교의
본질이라는 점을 잘 지적했다.

1990년 우루과이라운드UR 협상이 한창 진행 중이던 때의 일
이다. 스위스 제네바에 있는 GATT 관세 및 무역에 관한 일반협정 건물
안에서 우리 농업인이 쌀시장 개방에 반대하며 등산용 칼로
자신의 배를 그어 자해하는 일이 벌어졌다. 쌀시장 개방 문제
는 당시 협상에서 가장 크고 민감한 현안이었다. 농민의 입장
에서는 한국 농업의 어려움을 알리기 위한 고육지책제 몸을 희생
하며 쓴 계략 이었겠지만, 국제협상장에서 이 사건을 바라보는 여
러 나라의 시선은 사뭇 달랐다. 거의 매일 점심과 저녁을 샌

드위치로 때우며 실무협상을 해오던 다른 나라 대표들이 정색을 하면서 내게 물었다.

"한국은 다자무역체제에서 가장 큰 혜택을 받는 나라다. 우리가 이렇게 매일 협상을 하는 이유가 무엇인가? 국가 간에 서로 시장의 문을 열어 이익을 보자는 것이 목적 아닌가? 그런데 한국은 자기들이 원하는 것은 상대에게 악착같이 요구하고 다른 나라가 원하는 쌀시장은 목숨을 걸고 지키려고 한다. 한국의 사고방식이 이런 것이라면, 솔직히 우리가 왜 이 자리에서 매일 협상을 해야 하는지 모르겠다."

사실, 어떻게 해서든지 우리나라의 산업은 좀 더 보호하고 다른 나라의 시장은 좀 더 열도록 만들고 싶은 것은 외교관이기 이전에 국민의 한 사람으로서 갖게 되는 인지상정이다. 하지만 외교란 상대가 있는 국가 간의 일이고 나라와 나라의 관계에 일방통행이란 없다. 협정이든 현안이든 서로의 입장을 감안해 양보하고 타협하는 과정이 필요하다. 외교관이 현명한 협상가여야 하는 이유이기도 하다. 따라서 외교관에게는 협상가로서 감정에 좌우되지 않고 이성과 합리성을 유지하면서 철저하게 국가의 실리를 추구하는 자세가 필요하다.

∧ 2011년 Eamon Gilmore 아일랜드 외교장관 회담

외교관의
기본 역량
― 모든 것은 기본에서 출발한다

손흥민 선수는 세계적인 스타플레이어다. 2023년 10월 현재 546경기 200골 89도움 기록이다. 어떻게 하여 손흥민 선수가 세계적인 스타플레이어가 될 수 있었을까? '모든 것은 기본에서 출발한다'는 확신을 가지고 아들인 손흥민 선수를 훈련시킨 아버지 손웅정 선수에 답이 있다.

아버지 손웅정 선수가 몸속 뼈저리게 느낀 것은 '기존의 한국축구 방식으로는 세계 최고가 될 수 없다'는 것이었다. 20년 축구선수 생활을 하는 동안 스피드와 패기만으로 뛰었던 자신이 부끄러웠다. 아들 손흥민에게 철저하게 기본기를 훈련시켰다. 축구부에 보내지 않고 4년 동안 매일 기본기 훈련만 시켰다. 공을 마음대로 다룰 수 있을 때까지 패스도 슈팅도 시키지 않았다. 손흥민은 매일 3시간씩 운동장을 돌면서 볼 리프팅을 했다. 한 바퀴는 오른발로, 한 바퀴는 왼발로, 한 바퀴는 양발을 교차하면서 공을 떨어뜨리지 않고 운동장을 돌았다. 기본기를 완벽하게 익힌 후에야 슈팅 연습에 들어갔다. 그가 오늘날 세계적인 스타플레이어가 될 수 있었던 것은 축구선수에게 가장 필요한 '기본기'를 철저하게 익히게 한 아버지의 훈련 덕분이었다.

2002년 월드컵 4강 신화를 이룬 히딩크 감독이 강조한 것도 '기본에 충실하라'는 것이었다. 히딩크는 한국 선수들의 최대 약점이 체력임을 간파했다. 90분을 풀타임으로 뛸 수 있는 강인한 체력이 뒷받침되지 않으면 아무리 좋은 전술과 전략도 소용이 없다. 히딩크는 선수들의 기본 체력을 기르는데 올인했다. 그러는 동안 2001년 컨페더레이션컵 대회에서 프랑스에 0대 5로 지고, 체코 평가전에서도 0대 5로 졌다. '오대영'이라는 별명이 붙고 비난이 쏟아지고 경질설까지 대두됐다. 하지만 그는 빗발치는 비난 여론에도 개의치 않고 월드컵이 열리는 2002년 초에도 체력만 다졌다. 결과는 대성공이었다. 우리나라는 월드컵 사상 처음으로 16강에 진출했고 꿈에도 생각하지 못했던 4강 신화를 이루어 냈다.

손흥민과 히딩크 감독이 우리에게 주는 교훈은 기본에 충실해야 한다는 것이다. 국가도 기본, 경제도 기본인 펀더멘털이 튼튼해야 한다. 나무가 뿌리의 힘으로 자라듯 외교관도 기본실력이 중요하다. 외교관에게 기본실력은 무엇일까? 투철한 국가관, 영어와 제2외국어 구사력. 한국과 세계의 역사, 풍부한 인문학적 상식, 국제 정세를 꿰뚫어 보는 예리한 통찰력과 냉철한 판단력, 상상력과 전략적 사고력, 유연한 사고와 친화력이 바로 기본실력이다. 외교관은 끊임없이 노력하여 실력을 갖추어야 한다. 무엇보다 복합해결능력을 길러야 한다. 국가 간의 관계는 복합적이고, 외교는 고차원적으로 복합적인 문제를 해결하는 일이기 때문이다.

외교에 도움이 되는 창의력을
기르려면 어떻게 해야 하나요?

창의력은 과연 무엇일까? 남과 달리 생각하는 능력, 사물의 새로운 면을 파악하고 볼 수 있는 능력, 새로운 방법으로 문제를 해결할 수 있는 능력을 말한다. 영국 북부 스코틀랜드 교육 당국은 창의적 사고의 구성요소를 '호기심, 열린 마음, 상상력, 문제해결력'으로 정의하고, 교육 현장에서 이러한 능력을 키울 수 있도록 노력하고 있다고 했다. 그런데 공교롭게도 이 네 가지 요소는 '외교관에게 꼭 필요한 소양과 능력'으로 꼽히는 키워드이다. 외교관이 오늘날 다양하고 복잡한 외교 이슈를 풀어나가려면 풍부한 지식과 논리도 중요하지만, 창의력과 풍부한 상상력을 가져야 한다. 호기심과 열린 마음 없이는 다양한 문화권의 사람들을 진정성을 갖고 만나기 어렵고, 상상력과 문제해결력 없이는 살아 있는 생물처럼 시시각각 변하는 외교 환경에 대응하기 어렵다.

어떻게 하면 창의력을 기를 수 있을까? 무엇보다 사고의 틀을 깨는 것이 먼저다. 애벌레가 스스로 틀을 깨고 나오지 않으면 호랑나비가 되어 창공을 날 수 없다. 마찬가지로 고정관념이나 관행의 틀을 벗어나지 않으면 창의력을 발휘할 공간이 없다. 자기를 둘러싼 두꺼운 틀을 벗어야 유연한 사고를 할 수 있다. 또한, 창의성을 기르려면 남과 달리 생각하고 새로운 아이디어를 찾으려고 노력해야 한다. 주위의 현상이나 사물에 대해서 호기심을 갖고 '왜?'라는 질문을 던져보자. 그러한 질문을 던지다 보면 스스로 새로운 창의적인 답을 찾는 역량이 길러질 것이다.

창의력을 키우는 방법으로 '가벼운 일탈'을 꼽는 전문가들이 적지 않다. 새로운 환경, 새로운 시각, 새로운 경험에서 창의성이 시작된다는 것이다. 뉴턴이 만유인력을 떠올린 곳도 서재나 연구실이 아닌 사과나무 아래였던 것처럼. 혹시 집, 학교, ^{학원}, 도서관만 매일 쳇바퀴 돌 듯 옮겨 다니고 있다면 가끔은 작은 일탈을 시도해 보자. 서점의 신간 코너에서 새 책 읽기, 공원이나 산 등 자연 속에서 산책하며 동식물 관찰하기 같은 것들 말이다. 당장은 아까울 수도 있는 시간일지 모르지만, 그런 소소한 일탈을 통해 얻는 영감과 아이디어, 그리고 경험이 앞으로 어느 순간에 삶을 더욱 빛나게 해 줄 것이다. 소심한 성격이라면 웅변이나 토론에 참여하여 창의성과 문제해결력을 길러보고, 평소 관심 있던 분야 또는 평소 접하기 어려운 분야의 동아리 활동에 적극적으로 참여해보는 것도 좋다.

Q2
외교관에게 소통과 공감이
중요한 이유는 무엇인가요?

아인슈타인은 "세상을 보는 데는 두 가지 방법이 있다고 했다. 모든 만남을 우연으로 보는 것과 기적으로 보는 것이다." 라고 했다. 사람의 만남을 우연으로 여길 것이 아니라 기적을 만난 것처럼 소중하게 여기라는 의미이다. 외교관이 재외공관에 부임하여 가장 심혈을 기울여서 해야 하는 일은 주재국 정부 인사 및 국민들과 인적 관계를 구축하는 일이다. 주재국 외교부 카운터파트가 창구 역할을 해주지만 공식적인 채널만으로는 업무수행에 한계가 있다. 외교부는 물론이고, 주재국의 정부 각 부처와 정치 경제 사회 문화 등 모든 분야의 사람들과 긴밀한 관계를 구축해야 한다.

주재국 인사들과 긴밀한 협력관계를 형성하는 것은 결코 쉬운 일이 아니다. 시간도 많이 든다. 무엇보다 적극적으로 노력해야 한다. 공식적인 만남으로는 부족하다. 근무시간 후에도 공유할 수 있는 취미 등을 찾아 함께 시간을 보내야 한다. 인종과 언어, 문화와 사고방식이 다른 외국인의 호감을 사고 그의 마음을 여는데 필요한 것이 소통능력과 공감능력이다.

공감능력은 국가 차원에서도 중요하다. 한국은 식민지배를 거쳐 전쟁을 겪었다. 참혹한 전쟁이 끝난 후 한국은 지구상에서 가장 가난한 나라 중 하나였다. 당시 일인당 국민소득은 67달러에 불과했다. 유엔을 비롯한 국제사회의 도움으로 전쟁을 멈출 수 있었다. 참혹한 전쟁으로 황폐화 된 우리나라는 국제사회로부터 많은 도움을 받았다. 그러한 도움이 있었기에 한국은 불과 반세기 만에 '한강의 기적'을 이루어 최빈개도국을 벗어나 세계 10위권의 경제대국이 되었다. 도움받던 나라가 도움을 주는 나라가 된 것은 전 세계에서 대한민국뿐이다. 이제 우리가 해야 하는 일은 국제사회로 받은 은혜에 보답하는 일이다. 많은 개도국에게 한국은 희망이다. 그들은 한국을 '롤모델'로 삼고 있다. 외교관들이 진정으로 개도국들의 아픔을 이해하고 은혜에 보답하려는 노력을 보일 때 그들의 마음을 얻게 될 것이다.

외교관은 외교부 안에서 인간관계를 잘 유지하는 것이 매우 중요하다. 외교부 생활을 시작하면서 선배 외교관들에게서 수없이 많이 듣던 조언 중 하나는 "열 사람의 친구를 만들기보다 한 사람의 적을 만들지 말라"는 것이었다. 국내외를 오가다 보면 동기들과도 10여 년 이상 만나지 못하는 경우도 흔하지만 그럼에도 좋은 인간관계를 위해 끊임없이 노력해야한다. 인간관계가 미래를 좌우한다는 사실을 잊지 말자.

Q3
실력이 중요함을
일깨워 준 경험이 있나요?

외교관이 되어 본부에서 초년 외교관으로 일하던 때 예기치 못한 당혹스러운 일을 경험했다. 1979년 외무부에 들어가 배치된 부서는 동구과였다. 소련지금의 러시아 및 소련의 위성국지금의 CIS 국가에 관한 일을 하는 부서다. 이 국가들은 미수교국이라 우리와는 공식적인 인적 교류나 교역이 거의 없어서 실질적인 외교업무가 거의 없었다. 주로 하는 일은 재외공관이 보고한 정보들을 분석하고 이들 국가와의 관계개선 방안을 찾는 일이었다. 수교는 꿈도 꾸지 못했다. 가장 중요한 나라는 소련인데, 양국 관계로는 4년 전 모스크바 하계유니버시아드대회에 우리 선수단이 참가한 것이 고작이었다. 소련에서 개최된 스포츠 대회에 참석한 것은 건국 후 그때가 처음이었다.

초년 외교관의 부푼 꿈은 금방 깨졌다. 담당 과장이 나에게 전혀 일을 주지 않은 것이다. 아무리 사무관 '시보'정식으로 임명되기 전 실무를 익히는 단계라 해도 최소한 총무나 서무는 맡기는데 그런 일도 시키지 않았다. 간단한 정보활동비 사용 후 심사 보고서도 과장이 직접 기안하고 서명했다. 내가 하는 일이라곤 복도에 비치된 복사기에 가서 문서를 복사해 오는 일이 고작이었다. 책상에 앉아 시간 보내기가 고역이었다. 오전은 그럭

저럭 넘어가도 오후가 문제였다. 무료함에다 점심식사 후 쏟아지는 졸음을 견디기 어려웠다.

'내가 이러려고 그토록 머리를 싸매고 공부하여 외교관이 되었나!' 탄식이 흘러나왔다. 그러기를 몇 달이 흘렀을까. '이렇게 허송세월하듯 시간을 보낼 순 없다'는 생각이 들었다. 철제 캐비닛에 빼곡하게 들어있는 서류철에서 문서를 꺼내 읽기 시작했다. 문서 안에는 지금까지 무슨 일을 어떻게 했는지 상세한 내용이 쓰여있었다. 읽다 보니 재미가 붙었다. 파일 제목을 새로 붙이고 너덜너덜한 문서는 가위로 잘 다듬어 편철하기도 했다. 사서가 하는 업무였지만 일을 알아 가는 재미에 시간 가는 줄 모르고 문서 읽기에 푹 빠졌다. 그렇게 동구과에 있는 문서를 모두 읽는 데 몇 달이 걸렸다. 중요한 문서는 다시 꺼내 읽고 또 읽었다. 아마 역대 동구과 직원 중에 모든 문서를 읽은 사람은 나밖에 없었을 것이다.

당시에는 컴퓨터에 문서 내용을 저장하여 검색할 수 없던 때라 일이 발생하면 일일이 관련 문서를 찾아 전에 어떻게 처리했는지 파악하는 것이 중요했다. 나는 선배들이 문서를 찾지 못해 우왕좌왕하면 슬며시 문서를 찾아 내밀곤 했다. 선배들은 물론 나를 대하는 과장의 눈빛도 달라지기 시작했다. 마침내 내 역할이 생겼다. 문서를 찾아주는 일이었다. 해가 바뀌고 새로 과장이 부임했다. 과장은 애주가여서 저녁마다 술자리에 따라가야 했다. 몇 잔만 마셔도 꾸벅꾸벅 졸기 일쑤였지만, 그 자리야말로 과장의 신임을 받게 되는 절호의 기회였다. 업무와 관련한 이야기가 나올 때마다 내가 모르는 것은 거의

177

없었다. '이건 어떻고 저건 어떻게 처리하면 되고…' 모든 문서를 읽어 내용을 꿰뚫고 있으니 고참들보다 아는 게 훨씬 더 많았다. 그런 내 모습을 과장이 신기한 듯 바라보곤 했다.

외무부 입부 2년째 되던 1981년 가을, 마침내 기회가 왔다. 과장이 조용히 나를 부르더니 특별 미션이라면서 빨리 국장에게 가서 지시를 받으라고 했다. '아니! 고참 선배들이 많은데 무슨 일을 시키려나' 의아한 생각이 들었다. 최근에 부임한 국장은 업무 처리가 치밀하고 불같은 성격이어서 누가 어떻게 야단맞았는지 벌써 소문이 무성했다. 나는 보고할 만한 일을 한 적이 없으니 야단맞을 기회도 없었다. 국장은 나에 대해 이미 보고를 받아 알고 있었는지 단도직입적으로 말했다. 국장의 지시는 대략 이랬다.

"남덕우 총리가 최근 핀란드를 방문했다. 회담을 마치고 공항으로 가는 길에 차량에 동승한 코이비스토Koivisto 총리는 소련 고위층정치국원으로부터 받은 메시지를 적은 메모를 남 총리에게 전했다. 남한이 소련에 관계개선을 하자는 제안을 계속하고 있는데, 구체적인 제안을 해 주면 진지하게 검토하겠다는 내용이다. 민 사무관이 대통령에게 이에 관한 외교정책을 건의하는 보고서를 작성하라."

국장은 "이 일은 장관노신영, 차관김동휘, 정무차관보공로명 그리고 국장과 과장만 알고 있는 사항이니 어느 누구한테도 말해서는 안 된다. 심지어 동구과 다른 직원도 눈치채게 해서는 절대 안 된다."고 신신당부했다.

나는 뛰는 가슴으로 사무실로 돌아와 자료를 찾기 시작했다. 어느 캐비닛에 어떤 문서가 들어있는지 훤히 알고 있으니 바로 꺼내어 책상 위에 쌓아 놓았다. 그날 밤을 꼬박 새워 보고서를 작성했다. 아침 일찍 보고서를 내미니 국장이 깜짝 놀라는 표정이었다. 그런데 일이 터졌다. 이런저런 의견을 내는 국장에게 내가 일일이 대꾸한 것이다. 국장이 부임한 지 얼마 안 되니 나보다 더 많이 알 수 없으리라는 자만심이 문제였다. 국장의 표정이 일그러지고 화를 참는 기색이 역력했다. 마침 다른 과 과장이 국장실에 들어왔다가 나를 밖으로 끌고 나갔다. "너, 죽으려고 작정했어?" 나는 사태의 심각성을 깨닫고 다시 국장실에 들어가 백배사죄하며 용서를 빌었다. 국장이 다시 여러 의견을 제시했다. 역시 경험이 많은 국장의 의견은 다르다는 생각이 들었다. 나는 다시 내용을 살펴보며 보고서를 보완했다. 다른 고참들이 고개를 갸우뚱하면서 나를 보았다. 그날 밤도 꼬박 새웠다. 다음 날 아침 다시 국장에게 보고했고, 많이 나아졌다는 치하를 받았다. 며칠 동안 몇 차례 더 내용을 보완하여 대통령에게 보고하는 건의서를 완성했다. 차관보, 차관, 장관에게는 국장이 직접 보고했다.

이제 남은 일은 대통령 결재용 정책건의서를 만드는 일이었다. 청와대 전담 필경사를 찾아가 교회 장로라 일요일엔 일을 안 한다는 그에게 통사정을 하여 손 글씨로 쓴 87쪽 정책건의보고서를 완성했다. 제목은 '한소관계개선안'이었다. 며칠 뒤 국장이 나를 불렀다. 그는 환한 얼굴로 "장관이 직접 청와대에 가서 대통령에게 보고했다. 대통령에게서 큰 치하를 받았다. 정말 수고 많았네."라고 말했다.

그해 말 구주국 송년 행사가 열렸다. 국장이 인사위원회에서 강력히 주장하여 나는 주영국 대사관으로 발령이 난 상태였다. 국장이 말했다. "입부 2년밖에 안 된 초임 사무관이 외교정책건의서를 기안해 대통령의 재가를 받아 시행한 것은 정말 대단한 일이야. 민 서기관이 평생 외교부에서 두 번 다시 경험하기 어려운 일이니 큰 보람으로 여겨도 좋을 거야."

정말 그 말이 맞았다. 30여 년 외교부에서 일하는 동안 내가 대통령에게 이런 정도의 외교정책을 건의해 시행한 것은 그때가 처음이자 마지막이었다. 당시 나는 두 가지 교훈을 얻었다. 하나는 결국 실력이 중요하다는 것, 다른 하나는 위기의 순간이야말로 실력이 가장 빛을 발할 때라는 것이었다. 처음에는 누구나 할 수 있고, 하찮게 보이는 일이어도 밑에서부터 차근차근 기초를 쌓는 것이 중요하다.

Q4
외교관은 제너럴리스트가
되어야 하나요?
아니면 스페셜리스트가
되어야 하나요?

외교관을 꿈꾸는 젊은이들이 자주 묻는 질문 중 하나는 제너 럴리스트Generalist 가 되어야 하는가, 아니면 스페셜리스트Specialist 가 되어야 하는가이다. 제너럴리스트란 업무와 지식 등을 다방면에 걸쳐 두루 아는 사람이고, 스페셜리스트란 특정 분야의 전문적 식견을 갖춘 사람을 말한다. 이 질문에 대하여 한마디로 단정하여 답하기란 쉽지 않다. 외교 자체가 전문 분야이기에 모든 외교관은 스페셜리스트라고 볼 수 있기 때문이다. 군이 말한다면 외교관은 제너럴리스트이면서 자신만의 전문 분야를 가진 스페셜리스트가 되어야 한다고 생각한다. 예를 들면 경제, 문화, 재외동포영사 업무 등을 두루 소화할 수 있는 역량을 지니면서 환경 분야에서 전문 지식과 경험을 갖췄다면 제너럴리스트이면서 동시에 스페셜리스트라고 볼 수 있다. 한마디로 말해, 외교관은 제너럴리스트로서의 광범위한 지식과 스페셜리스트로서의 전문 지식을 모두 갖추어야 한다. 미국 국무부에서도 외교관이 되기 위해서는 각자 선택한 전문분야에 대한 전문 지식을 갖추어야 하고, 동시에 다양한 분야에 대한 광범위한 지식도 필요함을 강조하고 있다.

외교관의 전문분야는 매우 다양하다. 우선 미국, 중국, 일본,

러시아, 유럽, 동남아, 중남미, 아프리카 등 특정 국가나 지역의 사정에 밝고 현지어를 구사할 수 있는 지역전문가가 있다. 또 경제통상, 핵, 군축, 국제기구, 국제법, 기후변화, 환경, 조약, 재외동포영사 등 각 분야에서 전문성을 갖춘 외교관들이 활동하고 있다. 그런데 특수외국어가 필요한 지역전문가, 전문 법률 지식이 필요한 국제법 전문가 등을 제외한다면 처음부터 특정 분야의 전문가로 외교업무를 시작하기는 어렵다. 처음부터 전문성을 너무 강조하다 보면 보직 등에서 운신의 폭이 좁아질 수도 있다. 따라서, 먼저 제너럴리스트로서 소양을 갖추고, 자신이 바라는 분야의 전문성을 차츰 키워 가는 스페셜리스트가 되는 방법이 바람직하다.

Q5
외교 정치와 경제는
어느 정도로 알아야 하나요?

우리는 세계가 하나의 마을인 시대에 살고 있다. 세계 각국은 서로 끊임없이 영향을 주고받으며 떼려야 뗄 수 없는 관계를 맺고 있다. 2018년 560여 명의 예멘 난민이 제주도로 밀려든 사례에서 보듯 기후변화, 난민, 테러 등 전 세계의 어떤 문제도 우리와 무관한 것은 없다. 다른 나라에서 무슨 일이 일어나고 있는지 알 수 있어야 능동적으로 대처할 수 있다. 특히 외교관을 꿈꾸고 있다면 세계를 향한 넓은 시야는 필수 요건이다.

외교관은 '가슴엔 조국을, 두 눈엔 세계를' 품고 사는 사람이다. 학업성적과 외국어 실력 등 스펙이 뛰어나더라도 세계가 어떻게 돌아가고 있는지 무관심하다면 외교관 지망생으로서는 낙제점이다. 다른 나라, 다른 문화에 대한 관심과 배경지식이 없으면 해외에서 외교관으로서 성공적으로 활동하기 어렵다.

『장자』의 「외편^{추수편}」에는 "우물 속에 있는 개구리에게는 바다에 대해 설명할 수 없다."는 글귀가 나온다. '우물 안 개구리' 신세에서 벗어나려면 우물 밖으로 뛰쳐나와 더 넓은 세상을 마주 봐야만 한다. 세상은 아는 만큼 보이고, 보이는 만큼 세상에 대한 관심도 커지기 마련이다. 시야를 넓히기 위해서 자신만의 '이슈 노트'를 만들기 권한다. 지금 세계는 무슨 문제로 고민하고 있는지, 그 고민을 해결하기 위해 어떻게 대응하고 있는지, 우리나라의 입장은 무엇인지 등을 일주일에 한 가지라도 간략하게 정리해 보자. 노트의 두께가 두꺼워지면서 어느새 세계 속에 있는 자신을 발견할 것이다. 매일 오전 출근길에 뉴스 헤드라인을 살펴보는 것도 도움이 된다. 스마트폰 시대인 만큼 정보 습득 또한 편리해졌다. 요즘 국내외 정치와 경제 흐름은 어떠한지 가볍게 파악하는 것부터 시작해 보자.

∨ 2011년 안토니우 구테헤쉬 유엔난민고등판무관 면담

업무와 병행하는 자기계발로는
어떤 것들이 있나요?

외교관으로 일하면서 국내에서든 해외에서든 정말 바쁘게 지내다보니 나 자신을 위한 시간을 내기 어려웠던 것이 매우 아쉽다. 그래서 이제는 외교관을 꿈꾸는 젊은이들에게 외교관이 된 후에도 끊임없이 자기계발을 위해 노력하라고 조언한다. 내 경험을 바탕으로 몇 가지 권유하고 싶다.

토론 및 발표 능력

외교관이 해외에서 일하는 동안에는 언론 인터뷰나 강연을 하거나 토론이나 발표를 할 일이 많다. 공관장이 되면 그런 기회가 더 많아진다. 한국의 경제 상황 등 한국을 소개하려면 해당 분야에 대한 깊이 있는 지식도 중요하지만, 무엇보다 토론과 발표 능력을 길러야 한다. 우리나라 교육과정에서는 발표와 토론 능력을 기르는 훈련이 부족하므로 개인적으로 훈련할 수밖에 없다. 우선 논리적 사고력과 의사소통 능력을 함양하는 것이 중요하다. 무엇보다 청중이 집중하여 경청하게 하는 자기만의 방법을 개발해야 한다. 구체적인 사례로 쉽고 재미있는 강연을 만들려면 많은 준비가 필요하다.

외국어 구사 능력

외국어는 외국인과의 원활한 의사소통을 위해 필요불가결한 수단이다. 영어는 말할 것도 없고 자신이 주재하는 국가의 현지어를 구사하지 못하면 소통에 여간 불편한 게 아니다. 업무를 제대로 수행하기도 힘들다. 공식 면담에는 통역을 배석시키더라도 오·만찬에 통역을 대동하기는 어렵다. 상대도 우리 외교관과의 만남을 기피하게 될 것이다. 대다수 국가의 외교관들은 영어로 의사소통이 가능하지만 영어로 소통이 어려운 국가도 적지 않다. 더구나 외교부가 아닌 다른 부처 직원들은 현지어를 모르면 어려움이 크다. 그래서 부임하기 전 몇 달이라도 현지어를 배우는 외교관도 있다. 최소한 영어는 외교관에게는 필수 언어다. 젊은 외교관 중에는 영어 구사 능력을 향상하기 위해 주말에 동시통역대학원에 다니는 사람도 있다.

취미 생활 즐기기

외교관으로 오랜 세월을 보내면서 때로 다른 사람들이 부러웠던 순간이 있었다. 바로 음악이나 그림, 노래 등으로 자신의 마음과 메시지를 전하는 외교관들을 볼 때였다. 아쉽게도 나는 악기를 다룰 줄 모른다. 피아노나 바이올린은 물론이고 기타도 연주할 줄 모른다. 마흔이 넘어 피아노를 배워 보겠다고 시도를 했다가 손가락이 원하는 대로 건반 위에서 움직여 주지 않아 결국 포기했다. 각종 모임에서 취미로 익힌 피아노나 기타를 연주하는 사람들을 보면 부러웠다. 악기를 하나라도 다룰 줄 알았다면 나의 삶이 훨씬 더 풍성해지지 않았을까? 생각해 본다. 다른 이들과 소통하는 데도 큰 도움이 됐을 것이다. 외교관 생활을 하다 보면 이런저런 모임에 참석해야 할 경우가 많다. 업무를 위해서도, 또 친분을 넓히기 위해서도 참석자들에게 좋은 인상을 남기는 것이 중요하다. 때로는 한 곡의 노래나, 기타 연주가 십수 번의 악수나 여러 장의 명함보다 큰 위력을 발휘한다. 음악이야말로 만국 공용어이고, 가장 아름다운 소통의 도구이기 때문이 아닐까?

과거 아세안지역안보 포럼ARF 회의에서는 매년 폐막 직전에 2~3개국 외교장관들이 기지 넘치는 장기자랑을 펼치곤 했다. 이 같은 뒤풀이를 통해 날 선 대화와 딱딱한 연설문 대신 노래나 춤, 연극 등으로 저마다 부드러운 메시지를 전한 것이다. 1997년 동남아 외환위기 당시 매들린 올브라이트 미 국무부 장관은 '아르헨티나여 울지 말아요Don't cry for me Argentina'를 개사한 '아세안이여 울지 말아요'를 불러 화제가 되기도 했다. 나는 여러분이 틈틈이 음악이나 스포츠 등 취미 생활을 즐기기를 권한다. 적절한 취미 생활은 자신의 삶을 윤택하게 할 뿐만 아니라 다른 사람들과의 소통에도 큰 도움이 될 것이다.

나눔과 봉사

자기계발과는 직접적인 관련은 없지만, 크건 작건 나눔과 봉사를 실천하기를 권하고 싶다. 평생 자신만을 위해서 산다면 그 얼마나 삭막한 삶일까? 나는 유네스코한국위원회와 함께 개도국, 특히 아프리카의 최빈개도국들을 교육으로 지원하는 일을 하면서 큰 보람을 느낄 수 있었다. 이런 일을 하라고 30여년 외교관 일을 한 것이 아닌가 생각이 들 정도였다. 이

∧ 유네스코 아프리카 교육지원 활동

진수 전 국립암센터 소장은 "건강을 유지하는 비결은 남에게 선행을 쌓는 것이다"라고 말했다. 건강을 위해서 나눔과 봉사를 하는 사람은 없겠지만 국가를 위해 일하는 외교관에게 나눔과 봉사는 뜻깊은 일이라는 생각이다.

3 외교관의 필수 무기
외국어
— 모든 길은 외국어로 통한다

초등학생부터 대학생에 이르기까지 외교관이 꿈이라는 수많은 학생들을 만났다. 이들의 한결같은 질문은 "지금부터 제가 무슨 준비를 해야 하나요?"였다. 부모들에게도 그런 질문을 많이 받았다. 외교관이 되려는 사람에게 현실적으로 가장 필요한 것은 다름 아닌 언어 소통능력이다. 상대방의 말을 경청하려 해도, 나의 의사를 전달하려 해도 언어가 없으면 불가능하다. 외교관에게 "모든 길은 외국어로 통한다."고 말하는 이유도 여기에 있다.

현재 전 세계에는 모두 7,097개의 언어가 존재한다. 유엔은 이 가운데 가장 영향력이 큰 6개 언어를 국제공용어로 사용하고 있다. 영어, 프랑스어, 중국어, 스페인어, 러시아어, 아랍어다. 유엔과 산하 국제기구들은 이 공용어로 회의를 진행하며, 통역도 공용어로만 제공된다. 유엔의 경우 웹사이트도 6개 공용어별로 각각 운영하고 있다. 외교관, 또는 국제기구 직원으로 활동하려면, 이 6개의 공용어 가운데 영어는 물론 제2외국어도 한 가지 이상 익혀야 한다. 특히 영어의 중요성은 아무리 강조해도 지나치지 않는다.

영어를 잘한다고 반드시 외교관으로서 성공하는 것은 아니지만 영어를 잘하지 못하는 외교관은 상상하기 어렵다. 우선, 외교관후보자 선발시험에 합격하기 위해서도 그렇고, 외교부에 들어오면 평생 영어로 일을 해야 한다. 더욱이 요즘은 공공외교 시대다. 한국을 알리고 주재국과 관계를 강화하기 위해 현지 국민을 상대로 다양한 외교 활동을 해야 한다.

유엔, 제네바, 오이시디OECD 등 국제기구에서 다자외교를 하는 우리나라 외교관에게 영어 구사 능력은 더욱 중요하다. 발언할 내용을 미리 준비해 가도 논의의 흐름에 따라 발언할 내용을 수정해야 할 때가 많다. 특히 다른 나라 대표가 우리나라와 관련한 문제를 제기하거나 질문을 할 경우, 영어 실력이 뒷받침되지 않으면 제대로 대응하기가 어렵다.

외교관은 영어를
얼마나 잘해야 하나요?

당연한 말이지만 영어 실력은 완벽할수록 좋다. 외교를 '공감의 예술'이라고도 하는데, 어눌한 영어로는 다른 나라 외교관의 공감을 끌어내기가 어렵다. 영어로 유머를 나누고, 스토리텔링을 할 수 있는 정도는 돼야 일단 합격점을 줄 수 있을 듯하다.

우리나라 외교관 중에서 '영어' 하면 떠오르는 이는 박근 대사다. 그는 제네바 대사와 유엔 대사를 역임한 다자외교 전문가였다. 사무관 시절, 나는 제네바로 출장 가서 '관세 및 무역에 관한 일반 협정GATT' 회의에 대사와 함께 몇 차례 참석한적이 있다. 새로운 다자간 무역협상 기구의 출범을 논의하며각국의 이해가 첨예하게 맞서는 자리였다. 국제회의장은 마치 영어를 유창하게 구사하는 외교관들의 경연장 같다는 생각이 들었다. 박 대사의 영어 실력은 당시 제네바 주재 각국대사들 사이에도 알아주는 수준이었다. 그는 각국의 이해관계가 팽팽히 맞서 회의장에 긴장감이 돌 때마다 특유의 재치와 입담으로 분위기를 완화하곤 했다. 보호무역주의 퇴치 문제를 두고 선진국과 개도국의 입장이 날카롭게 대립하고 있던 때였다. 박 대사가 마이크를 잡고 뜻밖의 질문을 던졌다.

"보호무역주의의 확산은 다자무역 체제에 심각한 위기가 되고 있습니다. '보호무역주의'라는 호랑이를 물리쳐야 하는데, 호랑이를 잡고 가죽도 얻는 일석이조—石二鳥의 방법을 알려드릴까요?"

각국 대표단의 시선이 박 대사에게 쏠렸다. 평소 그의 재치 있는 언변을 익히 아는 터라 호기심 어린 모습들이었다.

"이렇게 하면 됩니다. 호랑이가 잠을 자고 있는 틈을 타서 살그머니 다가가 밧줄로 호랑이 꼬리를 나무에 단단히 묶습니다. 그 다음 면도칼로 호랑이 얼굴을 위아래, 그리고 좌우로 쭉 긋습니다. 그런 다음 몽둥이로 호랑이 엉덩이를 세게 후려치세요. 깜짝 놀라 잠에서 깬 호랑이가 앞으로 튀어나가는데, 얼굴을 십+ 자로 쨰 놓았으니 몸통만 앞으로 튀어나가고 가죽은 남게 되지요. 호랑이보호무역주의도 잡고 가죽자유무역도 얻는 것이지요."

회의장에 폭소가 쏟아졌다. 분위기가 한순간에 부드럽게 바뀌면서 새롭게 논의가 이어졌다. 박 대사의 유머러스한 이야기가 회의장에 평화를 되찾아 준 것이다. 그 후에도 박 대사의 '활약'은 계속됐다. 회의 분위기가 너무 과열되거나 경색되면 의장이 넌지시 박 대사에게 발언을 요청할 정도였다. 영어를 자유롭게 구사할 실력이 없었다면, 그의 유머 감각도 결코 빛을 보지 못했을 것이다. 그 후 박 대사는 각국 대표들과 나눈 끈끈한 유대감과 다자간 논의를 위한 기여 덕분에 GATT 이사회 의장에 선출될 수 있었다. 경쟁이 치열한 이사

∧ 2011년 아랍에미리트 아부다비에서 신재생에너지기구(IRENA) 창립총회 기조연설

회 의장 자리를 정부의 지원 없이 순전히 개인 역량으로 맡은 것이다. 그는 이사회 의장으로서 1986년 9월 '우루과이 라운드' 협상을 출범시키는 데 크게 공헌했다.

박근 대사의 사례는 외교관에게 영어 능력이 얼마나 소중한 자산인가를 다시 한 번 일깨워준다. 외교관에게 영어가 성공을 위한 충분조건은 아니지만, 성공으로 다가가기 위한 가장 중요한 필요조건임은 분명하다.

하지만 외교관 생활을 하다 보면 말하기도 중요하지만, 정말 필요한 것이 글쓰기 능력이다. 한글이나 영어로 각종 외교문서와 서한을 작성해야 하고, 수시로 연설문이나 인사말도 써야 한다. 국제회의에 참석하면, 회의내용을 기록해 바로 전문으로 본부에 보고해야 한다. 영문을 한글로, 한글을 영문으로 번역해 보고하거나 제출해야 하는 경우도 있다. 보고서나 서한을 잘 쓰는 외교관은 조직 내에서 존재감이 남다를 수밖에 없다. 말을 잘하는 외교관은 많지만, 글을 잘 쓰는 외교관은 상대적으로 드물기 때문이다.

어떻게 해야 글을 잘 쓸 수 있을까? 글쓰기는 하루아침에 늘지 않는다. 우선, 좋은 글을 많이 읽고 많이 써 봐야 한다. 다른 지름길은 없다. 한 원로 문필가는 '글을 잘 쓰는 방법'에 대해 질문을 받고 "원고지로 자기 키 높이만큼 글을 써 본 다음에 다시 이야기하자."고 대답했다고 한다. 외국어도 다르지 않을 것이다.

제2외국어로는
어떤 언어를 선택해야 할까요?

외교관이 되려면 영어와 함께 최소한 1개 이상의 제2외국어를 익혀야 한다. 우리나라는 다양한 문화권의 국가들과 외교 관계를 맺고 있으며 영어를 공용어로 쓰지 않는 국가들도 많다. 비영어권 국가에서도 외교관 대 외교관의 공식 만남에는 영어가 주로 쓰이지만 다양한 계층과 만나게 되는 일선 현장에서는 사정이 다르다. 영어만 알고 현지어 구사 능력이 없으면 반쪽짜리 외교관이 되기 쉽다. 현지어 구사 능력까지 갖춘 외교관은 주재국에서 좀 더 특별한 관심을 받게 마련이다.

어떤 외국어를 제2외국어로 선택하는 게 좋을까? 먼저 자신이 어느 문화권에 더 관심이 있는지, 어떤 지역에서 일하고 싶은지 심사숙고할 필요가 있다. 제2외국어를 익히는 것은 해당 언어를 사용하는 국가들에 대한 전문성을 키우는 것과 다르지 않기 때문이다. 이왕이면 내가 관심 있는 국가의 언어를 선택하는 것이 좀 더 흥미롭게 배울 수 있으니 말이다. 가령 중남미 국가에 관심이 많다면 제2외국어로 스페인어를 선택하는 것이 유리하다. 포르투갈어를 쓰는 브라질을 제외한 대부분의 중남미 국가들은 스페인어로 의사소통을 한다. 중국어는 중국·홍콩·대만, 러시아어는 러시아와 CIS 국가,

프랑스어는 프랑스 · 벨기에 · 아프리카, 스페인어는 스페인과 중남미 지역에서 주로 쓰인다.

중국어와 일본어는 우리 외교관들 사이에서 알게 모르게 선호의 대상이 되어왔다. 우리나라 외교에서 중국과 일본이 차지하는 비중이 상당히 클 뿐만 아니라 현지 대사관의 규모가 크고, 여러 지역에 총영사관이 개설돼 있기 때문이다. 실제로 외교부 안에는 중국어와 일본어 인력 pool이 두텁다. 최근에는 중국어와 일본어 두 언어를 모두 구사하는 외교관도 늘고 있다. 반대의 경우도 있었다. 한때는 프랑스어를 제2외국어로 선택하면 아프리카 국가로 발령받을 가능성이 크다 하여 기피하기도 했다. 하지만 이런 선택은 결코 현명한 결정이 아니었다고 생각한다. 과장급이 되기 전에는 모든 외교관이 순환 근무 인사원칙에 따라 아프리카든 중동이든 한 번은 힘지에 가서 근무해야 하기 때문이다. 더욱이 프랑스어는 국제무대에서 영어 다음으로 많이 쓰이는 언어이기도 하다.

외교관이라면 지역 및 분야에서 각각 하나씩 전문성을 갖는 것이 바람직하다. 자신이 앞으로 일하고 싶은 분야가 있다면 그 분야에 맞춰 제2외국어를 선택하는 것도 한 가지 방법이다. 내가 관심이 있는 나라, 배우고 싶은 언어, 앞으로 일하고 싶은 분야 등 조건을 고려하여 신중하게 결정하는 것이 좋다.

Q3

외국어를 공부하는
특별한 비결이 있나요?

외교관이라면 영어는 기본이고 외국어를 하나 더 잘해야 한다. 어떻게 하면 외국어 능력을 늘릴 수 있을까? 영어교수법의 창안자인 미국 서던캘리포니아대학교University of Southern California 스티븐 크라센Stephen Krashen 석좌교수는 2016년 3월 국내 일간지와 인터뷰에서 이렇게 말했다.

"독서는 외국어를 배우는 최상의 방법이 아니다. 그것은 유일한 방법이다."
"영어로 된 책을 많이 읽을수록 영어 단어와 문법을 잘 아는 것은 물론 토익·토플 점수도 높게 나온다."

외국어는 공부하는데 시간이 많이 걸리기 때문에 한 살이라도 더 어릴 때부터 공부하는 것이 좋다. 외국어를 잘하려면 외국어 공부에 푹 빠져야 한다. 새로운 단어나 좋은 표현을 하나 알게 되어 기쁨을 느낀다면 이미 외국어의 매력에 빠졌다고 하겠다.

영어든 제2외국어든 외국어 공부에는 왕도가 따로 없다. '반복 또 반복'이 외국어 공부의 비결이다. 갓난아기가 말을 배울 때 무한 반복하는 것처럼 말이다. 외국어는 머리로 이해하는 과목이 아니라 입에서 저절로 나오게 하는 것이 핵심이다. 연습에 연습이 필요하다. 반복적으로 문장을 외워 자기 것으로 만들고 자연스럽게 나오게 해야 한다. 문장을 외울 때 나중에 꼭 써먹어야겠다는 마음을 가지면 훨씬 더 현실감이 들 것이다. DVD 교재든 온라인 학습이든 학원이든 각자 사정에 따라 좋은 방법을 찾아 공부하자. 말하기, 듣기, 읽기, 쓰기 등 네 가지 능력에 대해 살펴보기로 하자.

말하기 능력

가장 기본이 되는 능력이다. 자신의 의사를 정확히 표현하기 위해서다. 말하기를 잘하려면 입에서 저절로 나올 정도로 반복하여 연습하는 것이 좋다. 나는 책이든 신문이든 좋은 표현이 나오면 수첩에 문장을 적고 무조건 외웠다. 언젠가 그 수첩이 최고의 '보물창고' 역할을 했다. 하루에 한 문장만 외워도 1년이면 365개의 문장을 자기 것으로 만들 수 있다.

듣기 능력

듣기 능력도 당연히 중요하다. 상대방이 하는 말을 알아듣지 못하면 대화가 이루어질 수 없다. 듣기 능력을 기르려면 가급적 많이 들어서 귀가 뚫려야 한다. 청취력을 높이는 방법 중하나로 애니메이션 드라마나 영화를 권하고 싶다. 무엇보다 재미가 있어서 좋다. 한두 가지를 반복하여 보는 것이 더 효과적이다.

읽기 능력

읽기 능력도 중요한 능력이다. 문서나 책을 읽고 정보를 얻기 때문이다. 토익, 토플 등 영어검정시험도 방대한 지문을 제시하고 독해 능력을 평가한다. 읽기 능력을 기르려면 어떤 방법이 좋을까? 판타지 소설이나 추리소설을 반복하여 읽는 것도 좋은 방법이다. 재미가 있으니 푹 빠져들게 된다. 특히 추리소설은 좋은 표현으로 가득한 보물창고다. 처음 읽을 때는 모르는 단어가 나와도 그냥 읽는다. 다시 한번 읽으면서 사전을 찾아 모르는 단어의 뜻을 파악하고 좋은 표현에 밑줄도 긋자. 공책에도 기입하여 수시로 암기하여 자기 것으로 만들자.

또 매일 한글 및 영문 신문 사설을 하나씩 골라 소리 내어 읽기를 권한다. 사설을 읽으면 사회 이슈에 대한 지식을 얻을 수 있을 뿐만 아니라 글쓰기에도 도움이 된다. 글을 쓰는 전개 방식은 물론, 좋은 표현도 익힐 수 있다. 사설의 주제는 너무 특정한 분야로 제한하지 말고 다양한 분야로 확대하는 것이 좋다. 영문 사설을 소리 내어 읽으면 영어에 대한 혀의 적응력을 높일 수 있으니 일석이조이다. 영어 발음을 교정하고 청취력을 높이는 데에도 도움이 된다.

쓰기 능력

어떻게 해야 쓰기 능력을 키울 수 있을까? 우선 좋은 영문 글을 찾아 많이 읽고 쓰는 연습을 해야 한다. 자기가 쓴 글을 누가 고쳐주면 더욱 효과적이다. 쓰기 능력을 기르는 좋은 방법 중 하나는 매일 영어로 일기를 쓰는 것이다. 일기를 한글로 쓰고, 영어로도 써보자. 몇 줄짜리 간단한 내용이라도 좋으니 하루도 빠지지 않고 한-영 일기 쓰는 습관을 길러보자. 또 한 가지 방법은 영어 사설을 이용하는 것이다. 영어 사설 내용을 먼저 한글로 번역한 후 번역한 글을 다시 영어로 번역해 원문과 비교해 보는 것이다.

외교관이
사용하는 언어

외교관들은 절제된 표현을 한다. 좀처럼 속내를 드러내지 않는다. 일반인은 그가 무슨 생각을 하고 있는지, 무슨 의미인지 판단하기 어려울 때가 많다. 겉에 드러난 말과 속뜻이 다르고 말과 행동이 다를 때도 있다. 외교관은 사실 그대로 표현하지 않고 우회적으로 말하는 경우가 많다. 이걸 '외교적 화법'이라고 한다. 외교관의 말은 곧이곧대로 듣지 말고 말 뒤에 숨은 의미를 찾아야 한다.

왜 외교관이 외교적 화법을 사용할까? 우선은 상대국을 배려하고 양국 관계가 악화되기를 바라지 않기 때문이다. 이해관계가 첨예하게 대립하는 사안인 경우, 외교관의 말은 국내정치에 악영향을 미칠 수 있다. 직설적으로 말하여 일을 그르치거나 불필요하게 분쟁을 야기하기도 한다. 이라크의 사담 후세인은 9.11 테러가 일어나자 "그것은 신의 응징"이라고 성명을 발표했다. 그의 말은 미국의 여론을 자극하여 2년 후 이라크 전쟁을 일으키는데 영향을 미쳤다. 반면에, 외교적으로 모호한 표현을 하면 다양한 해석을 할 수 있어 양국에 정치적 운신의 폭이 넓어지고 서로에게서 도움을 기대할 수도 있다.

외교관은 전쟁 중인 상황에서도 상대국과 대화를 해야 하는 마지막 보루다. 국가 간의 관계가 최악의 상황에 이르러도 외교관은 마지막까지 극단적인 언사를 피하고 혹시라도 타협할 수 있는 여지를 남겨야 한다. 나중에 불을 다시 피워야 할 상황이 있으니 조그마한 불씨라도 완전히 꺼버리지 않고 남겨두는 것과 같다.

국가이익을 두고 치열한 협상을 하는 동안에도 상대의 입장을 배려하고 이익을 나누어 가질 수 있어야 한다. 내가 미국 대표와 미국산 쇠고기 협상을 진행할 때였다. 양측의 입장이 첨예하게 대립하여 더 이상 진전이 어려운 상황에 나는 "미국 측이 진전된 협상안을 가지고 올 때까지 협상을 중단한다."고 전격 선언해 버렸다. 위험부담을 안은 모험이었다. 미국으로서는 협상을 포기하고 자국으로 돌아가든지 다시 협상 테이블에 돌아오든지 선택을 해야 했다. 협상 테이블에 돌아오려면 변화된 입장을 가지고 와야 한다. 나는 대사관으로 향하는 미국 수석대표에게 전화하여 "나는 아직도 희망을 가지고 있다."고 말했다. 협상의 끈을 완전히 끊지 않고 여지를 남긴 것이다. 미국 수석대표는 밤새 미국 정부와 협의 끝에 다음날 협상에 복귀하여 마침내 협상을 타결할 수 있었다. 짧은 한마디였지만 그는 외교관으로서 내가 한 말이 무슨 의미인지 이해했을 것이다.

국가 간에 발생한 미묘한 문제나 상황에 대해 정부가 'NCND neither confirm nor deny' 입장을 취하는 경우가 있다. 명시적으로 시인도 부인도 하지 않는 것이다. 판단은 알아서 하라는 의미이니, 언론도 사람들도 나름대로 판단을 한다. 구체적인 대답 대신 "No comment"라고 언급하기도 한다. 때로는 아무 대답도 하지 않기도 한다. 외교적으로는 침묵도 의미가 있다. 이처럼 모호한 입장을 취하는 것은 나름대로 이점이 있기 때문이다. 하지만, 자칫 억측을 유발하여 문제의 해결을 더욱 어렵게 하기도 한다.

외교관은 주재국의 국내정치에 개입하는 듯한 말을 하면 안 된다. 상대국 정부나 특히 국민을 비판하는 말도 절대 하면 안 된다. 주재국의 국가원수나 정치 상황에 대한 비판적인 말도 금기 중의 금기다. 외교관의 가장 중요한 기본 의무 중 하나는 주재국과 우호관계를 유지하는 것인데, 노골적으로 말하면 국가 간에 심각한 갈등을 야기할 수 있다. 주재국으로부터 'persona non grata'외교적 기피인물 로 지정되어 사실상 추방될 수도 있다. 따라서 외교관은 어떤 상황에서도 상대를 자극하는 극단적인 말을 삼가야 한다.

어느 국가도 국가 간의 관계에서 절대 "잘못했다.", "사과한다." 같은 표현을 명시적으로 하지 않는다. 비록 잘못한 상황이라도 말이다. 대신 "유감이다."라는 표현을 한다. 또한, 국가 간의 관계에서는 단정적인 표현도 하지 않는 경우가 많다. 의지가 약해서 그런 게 아니라, 나중에 국내에서 어떤 결과가 나올지 확신하기 어려울 수 있기 때문이다. 이럴 때는 "~하려고 최대한 노력하고 있다.", "~하기를 희망한다."라는 식으로 말한다. 회담에서 양측의 의견이 대립하여 합의에 이르지 못했을 때도 "협상이 결렬됐다."는 등의 단정적인 표현을 하지 않고 "서로 솔직하게 의견을 교환했다."거나 "회담이 유익했다."고 말한다. 외교관의 입에서 나온 "아마도"라는 말은 "아니다."라는 뜻인 경우가 많다. "검토하겠다."는 것도 부정적인 의미를 내포하고 있다. 할 수 있는 게 없어도 "다양한 옵션을 검토하고 있다."고 말한다. 기분이 상한 경우에도 감정을 드러내기보다 "논평할 가치가 없다."고 말한다. 굳이 상대를 기분 나쁘게 할 필요가 없기 때문이다. "필요하다면 ~할 준비가 되어있다."는 말도 싫다는 의사를 에둘러 표현한 것이다. "안 하겠다."는 의사도 "고려하겠다."는 말로 대신한다. 설사 기대한 바와 다른 결과가 나오더라도 상대가 최선의 노력을 다했을 것으로 믿는다.

외교관은 국가를 대표하여 일하는 사람이다. 일반인들은 왜 외교관의 말이 명확하지 않느냐고 불만일 수도 있지만, 외교관의 말 한마디가 국익에 심각한 영향을 미칠 수 있으니 표현 하나하나에 신경을 쓸 수밖에 없다.

좋은 외교관이 되기 위한
4가지 습관

아침에 잠에서 깨어나면 거울 보고 웃기

사람은 살아가는 동안 평균 10만 명의 사람을 만난다고 한다. 외교관처럼 사람을 많이 상대하는 직업이라면 아마도 훨씬 더 많은 사람과 만나게 될 것이다. 그런데 그 만남이 계속 이어질지, 아니면 일회성으로 그칠지는 첫인상이 좌우한다고 한다. 특히 해외에서 '대한민국의 얼굴'로서 외국인을 상대해야 하는 외교관은 밝고 좋은 인상을 주는 것이 무엇보다 중요하다.

평소 내가 사람들에게 어떤 인상을 줄지 추측해 볼 방법이 있다. 아침에 일어나자마자 화장실 거울에 비친 자기 얼굴을 살펴보자. 아마도 이마와 눈살을 찌푸리는 얼굴일 가능성이 크다. 아침에 깨어나면 무조건 1분간 활짝 웃어 보자. 이렇게 자기 얼굴을 환하게 바꾸고 하루를 시작하면, 자신도 모르는 사이에 남들에게 좋은 인상을 심어줄 수 있다. 그러다 보면 자연스럽게 친화력이라는 선물도 얻을 수 있을 것이다.

손에서 책을 놓지 않기

외교관은 아는 것이 많아야 한다. 세계경제 동향, 각국의 사정, 국제정치의 흐름 등 외교관으로 일을 하는 데 기본적으로 알아야 할 것도 있지만, 일반 상식을 포함해 전문적인 지식까지 두루 알아야 한다. 단순히 대화를 하기 위해 많이 알아야 하는 것이 아니다. 바로 문제해결 능력을 기르기 위해서다.

외교관은 복잡한 외교 이슈를 해결할 수 있는 능력을 갖추어야 한다. 통찰력을 키우는 효율적인 방법 중 하나가 바로 독서다. 다양한 책을 읽고 그 책의 핵심 내용과 메시지를 메모지 1장, 몇 줄의 글로 요약하는 습관을 기르자.

꼭 답신하기

외교도 결국 사람이 하는 일. 외교관에게 실력과 함께 중요한 것이 인간관계이다. 인간관계는 만남에서 시작되고 그 만남을 어떻게 발전시키느냐는 자신의 몸가짐이나 행동, 즉 처신에 달려 있다. 인간관계에서 가장 중요한 요소는 바로 신뢰이다.

믿을 수 없는 사람이라는 인상을 주는 순간 인간관계는 지속될 수 없다. 휴대폰으로 전화가 왔는데 불가피한 사정으로 못 받게 되는 경우, 가급적이면 우선 문자로 양해를 구하고 나중에 잊지 말고 답신 전화를 꼭 하자. 요즘은 카톡이든 전화든 누가 했는지 확인이 가능하다. 답신을 하지 않으면 무시당했다고 생각할 수 있다. 문자메시지도 마찬가지다.

∧ 휴스턴 총영사관저 집무실

약속시간을 지키는 습관도 매우 중요하다. 특히 여러 사람
이 만나는 모임에 늦으면 모든 사람의 시간을 빼앗는 것이
나 다름없다. 내가 상대편을 존중하고 있음을 알리는 가장
기본적인 방법은 늦더라도 회신을 꼭 하고, 한 번 정한 약
속을 지키기 위해 최선을 다하는 것이다.

메모하기

요즘에는 상사에게 결재를 받으러 갈 때 메모지와 필기도구도
가져가지 않는 직원이 의외로 많다. 하지만 사람의 기억력에는
한계가 있다. 이 한계를 극복시켜 주는 것이 바로 메모하는 습
관이다. 세기의 과학자인 아인슈타인은 젊은 시절부터 틈나는
대로 생각을 기록한 메모광으로 유명했다.

메모는 누구에게나 중요한 습관이지만, 모든 일을 정확하게 처리해야 하는 외교관에게는 특히 더욱 중요하다. 외교관이 잘못 파악하거나 전달한 의미 하나가 국가 간에 큰 파장을 부를 수도 있다. 외교관은 회의, 협상 또는 중요한 사건에 대한 기록을 보존해야 한다. 평소 메모를 습관화하면 일을 정확하게 처리할 수 있을 뿐만 아니라 실수를 방지할 수 있다.

나도 메모를 많이 하는 편이다. 지하철로 이동할 때도 아이디어가 떠오를 때마다 메모를 한다. 화장실에서도 메모할 수 있도록 수첩과 필기구를 두고 있다. 심지어 잠을 자는 동안 꿈에 아이디어가 떠오를 때면 잠깐 일어나 서재에 가서 메모를 해 놓기도 한다. 컴퓨터나 스마트폰에 메모를 저장해 두고 키워드로 그 내용을 찾아볼 수 있도록 문서화 한다면, 쉽게 자신만의 아이디어 보물창고를 만들 수 있다.

평소 메모를 충실히 남겨놓으면 훗날 책을 쓸 때도 큰 도움이 된다. 최소한 행사 이름, 날짜와 장소, 사람 이름, 자기의 생각, 특이사항 정도는 간략하게라도 메모해 두는 습관을 갖자. 메모할 상황이 안 된다면 휴대폰에 녹음했다가 퇴근 후 옮겨 적는 방법도 있다. 스마트폰을 항상 몸에 지니듯이 늘 수첩과 펜을 가지고 다니며 메모하는 습관을 갖자.

Part 4 외교관의 일과 삶

1 외교관으로 살아서 좋은 점
— 내가 원하는 나라에서 일할 수 있나요?

외교관이 되었다고 곧바로 해외에서 근무하는 것은 아니다. 신입직원은 본부에서 2년 또는 2년 반 정도 근무한 다음, 반드시 재외공관 근무를 해야 한다. 첫 공관에서 2년 동안 근무하고 본부로 복귀하여 근무하다 2년 기간의 해외연수를 나간다. 그런데 외교관으로서 해외근무를 할 때는 이른바 '냉·· 온탕 순환 배치'가 적용된다. 한 번 선진국이나 선호 지역 공관온탕에 배치되면, 그다음에는 개발도상국이나 비선호 지역, 험지의 공관냉탕으로 나가는 게 원칙이다.

과거에 외교관이 막연한 선망의 대상이 되었던 시기가 있었다. 1970년만 해도 우리나라의 1인당 GDP는 286달러로 세계 100위권 정도였다. 당시 북한의 1인당 GDP384달러 보다 적었다. 그러다 보니 해외로 나가면 우리나라보다 잘사는 나라들이 대다수였다. 국내보다 더 나은 조건과 환경에서 생활할 수 있는 외교관이 인기를 끌었던 배경이기도 했다. 하지만 이제 상황은 역전되었다. 2022년 우리나라는 세계 6위의 수출 대국으로 껑충 성장했다.

국제통화기금IMF의 집계에 따르면 2023년 기준 우리나라의

1인당 GDP는 33,393달러로 세계 33위에 해당한다. 외교관이 되어 재외공관에서 근무할 경우, 국내 여건보다 못한 환경에서 생활하게 될 확률이 훨씬 높다. 하지만 생활여건이 국내보다 못한 국가에 주재하게 되더라도 외교관이라는 신분과 소명이 달라지지 않는다. 오히려 험지 근무를 통해서 외교관으로서 더 큰 보람을 느끼고 탄탄한 내공을 쌓을 수도 있다. 외교관은 본인이 원하는 나라에서 일하거나, 혹은 원하지 않는 나라에서 일하게 되더라도 초심을 잃지 않아야 한다.

외교관이 좋은 직업인
이유가 있나요?

한국사회에서 의사는 부러움과 존경의 대상이다. 그래서 심지어 초등학생들도 장차 의사가 되기를 꿈꾸는 아이들이 많다. 심지어 초등학생들의 '의대 준비반'까지 있다고 한다. 나는 대형병원에서 의사로 일하는 친구와 자주 만난다. 그는 일년에 600번이 넘는 수술을 집도하는 명의다. 부러움과 존경의 대상이 되는 그는 오히려 외교관인 나를 부러워하곤 했다. 질병으로부터 사람의 생명을 구하는 고귀한 사명을 담당하는 일이 소중하기는 하지만 삶의 현실은 무척 고단하기 때문이다. 평생 국내에 머물며 병원 수술대에서 메스를 들고 일하다 보니 여간 답답하고 힘든 게 아니었나 보다. 낯선 나라에 가서 일하는 외교관의 삶도 역시 힘들 때가 있지만 다양한 나라에서 다양한 사람들과 만나 국가를 대표하여 일하는 나에게 그가 부러움을 갖는 것도 이해할 만했다. 외교관이 매력적이고 좋은 직업이라고 생각하는 이유를 몇 가지 들면 다음과 같다.

첫째, 대한민국을 대표하여 국가와 국민을 위해 봉사한다는 사명감과 보람이다. 외교관은 다양한 국가와의 협력을 통해 세계 평화와 안정을 증진 시키는 데도 기여한다. 세상의 많고 많은 직업 중에서 외교관만큼 국가이익과 인류의 평화와 번영에 기여한다는 보람과 성취감이 큰 직업이 있을까? 우리나라를 세계에 알리는 기쁨도 크다. 해외에서 우리 국민들이 어려움에 봉착할 때 가자 먼저 도움의 손길을 내밀 수 있는 것이 바로 외교관이다. 더구나 우리나라의 국력이 과거와는 비교할 수 없을 정도로 강해졌다. 경제력과 한류에 힘입어 국가이미지와 브랜드 가치가 엄청나게 높아졌다. 그만큼 외교관이 국가와 국민을 위해 할 수 있는 공간도 넓어지고 발휘하는 힘도 커졌다.

둘째, 외교관은 항상 공부하는 직업이라는 점이다. 한반도와 국제정세가 어떻게 돌아가고 있는지 국내외 뉴스에 귀를 기울여야 한다. 지식을 쌓기 위해 손에서 책을 놓지 않아야 한다. 국내 경제정책과 세계 경제 동향에 대해서도 뒤쳐지면 안된다. 우리나라와 세계의 역사와 문화와 전통에 대한 지식을 넓혀야 한다. 영어와 제2외국어를 공부하기 위해 끊임없이 노력해야 한다. 아는 것이 많아지고 실력이 늘면 그만큼 외교관으로서 역량도 커지고 성취감도 늘게 된다.

셋째, 외교관은 다양한 나라에 살고 여행하며 다양한 사람과 문화를 접하고 경험할 수 있다. 나는 외교관으로 일하면서 5개국 6개 도시에서 살았다. 유네스코한국위원회에서 일한 기간까지 포함하면 내 발길이 미친 나라가 대략 80개국쯤 되는 것 같다. 세계를 누비며 다양한 사람과 문화를 접하고 글로벌마인드와 세계시민의식을 키울 수 있었던 점도 외교관의 장점일 것이다.

Q2
어떤 순간이
가장 기억에 남나요?

24시간을 쪼개 쓸 정도로 바쁘다고 해서 재외공관 근무가 늘 힘들고 어렵기만 한 것은 아니다. 일하다 보면 외교관으로서 보람을 느낄 때도 많고, 즐거운 추억도 생긴다. 내게는 특히 영국이 추억거리가 많은 근무지였다. 외교관으로서 첫 해외 근무지이자 갓 결혼하여 부임한 곳이라 의미가 더욱 각별했다. 당시 선배 외교관들은 내게 "외교관은 경험이 많아야 한다. 돈 아낄 생각 말고 젊을 때 여행을 많이 다녀 머릿속에 많은 것을 채우라"고 조언해 주곤 했다.

그 때문이었을까, 나는 시간이 나는 대로 차를 몰아 런던 밖으로 빠져나갔다. 잉글랜드는 물론이고 멀리 스코틀랜드의 에든버러와 웨일스의 옛 성 Castle, 그리고 서쪽 끝 '땅끝마을Land's End '에 이르기까지 발길이 안 닿은 곳이 없을 정도로 새로운 곳을 찾아다녔다. 우리 부부는 엘리자베스 여왕의 초청을 받아 버킹엄 궁전에서 열린 '이브닝 파티'에서 찰스 황태자와 다이애나비도 만나고 무도회에서 사교의 기회를 갖기도 했다.

영국에서 근무하던 동안, 특히 기억에 남는 일 중 하나는 '개고기 시위' 사건이다. 내가 대사관 총무를 맡고 있던 1983년 10월 국제동물복지기금IFAW 관계자에게서 전화가 왔다. 그는 한국인들이 개고기를 먹는 데 대해 항의하면서 회원들이 버스 두 대로 대사관에 찾아와 규탄 시위를 벌일 것이라고 했다. 당시 현지 일요신문인『선데이 미러』에 한국에서 사람들이 개를 잡아먹는 사진과 기사가 대서특필大書特筆, 두드러지게 큰 글씨로 쓴다는 뜻으로 언론에 중요 사건을 크게 다룸 되었다. 게다가『더 타임스』와『데일리 텔레그래프』등 주요 신문에는 큼지막한 항의 광고가 연일 실리고 있었다. 시위가 벌어지면 그 장면 또한 기사화되어 '개고기' 파문이 이어질 조짐을 보였다.

나는 우선 그들에게 이야기를 나누자고 했다. 대사관에 찾아온 IFAW 회원 대표 세 명을 정무참사관과 함께 만났다. 그들은 개를 나무에 매달아 놓고 가마솥에 불을 때는 장면을 찍은 사진을 보여주었다. 그러면서 한국인들이 개고기를 먹는 야만적인 행위를 당장 중단하지 않으면 한국 상품 불매운동과 88올림픽 보이콧 운동을 전개하겠다고 말했다. 나는 유럽인들이 말고기와 심지어 고양이고기를 먹는 사례를 예로 들면서 식습관은 나라마다 다른 문화적 차이라는 점을 강조했다. 개고기를 먹게 된 유래에 대해서도 이야기했다. 가난하던 시절, 특히 결핵 등을 앓는 사람들에게 개고기와 같은 고단백질이 치료를 위해 불가피한 선택이었다는 점도 강조했다. 그러면서 "만약 영국민이 한국민과 같은 절박한 처지였다면 생명과 죽음 가운데 어떤 선택을 했겠느냐."고 되물었다.

그들은 고개를 끄덕이면서도 도살동물을 식용으로 쓰기 위해 허가 없이 죽이는 작업 방법을 지적했다. 왜 개를 무자비하게 때려 도살하느냐는 것이었다. 면담이 끝난 지 며칠 뒤 시위대가 찾아왔다. 하지만 처음의 예고와는 달리 대사관에서 조금 떨어진 지점에서 잠시 시위를 하다 떠났다. 정작 문제는 그다음에 일어났다. IFAW 회원들이 매일 항의 편지를 써서 대사관에 보내기 시작한 것이다. 편지에는 지난번 대표들이 보여 준 개를 학대하는 장면을 담은 사진과 이를 항의하는 글이 담겨 있었다. 일부 손으로 쓴 편지도 있었지만, 대부분은 같은 내용을 복사한 것이었다.

처음에는 몇백 통에 불과하던 편지가 며칠이 지나자 하루에 수천 통 가까이 쏟아져 들어왔다. '개고기 항의 편지'가 일반 우편물과 섞여서 들어오니 이를 분류하는 일도 여간 어려운 일이 아니었다. 나는 직원들과 함께 우편물을 바닥에 쌓아 놓고 진짜 편지와 '개고기 편지'를 분류했다. 종일 그 일을 하고 있자니 힘들기도 했지만, 기가 막혔다. 그러다 문득 눈에 들어온 것이 편지에 붙은 우표였다. 영국은 우표를 세계 최초로 발행한 나라다. 이미 사용한 우표라도 뭔가 활용할 방법이 있을 것 같았다.

여기저기 알아보니, 사용한 우표라도 5천 장을 모으면 구명용 보트를 한 대 구입할 수 있고, 2만 장을 모으면 시각장애인을 안내하는 개를 지원할 수 있었다. 나는 우편물을 쌓아 놓고 직원들과 둘러앉아 열심히 우표를 떼어 내기 시작했다. 손가락이 부르트기도 하면서 며칠을 계속해 우표를 모으니 수만 장이 됐다. 나는 관련 기관에 우표 수만 장을 전달하여 구명정과 시각장애인 안내견을 지원하는 데 사용해 달라고 요청했다. '개고기 편지' 사태는 인명을 구조하고 장애인에게 도움을 주는 선한 결말로 마무리됐다. 외교관이 하는 일이란 때때로 상상을 넘어서는 것이기도 하다.

Q3
외교관은 어느 정도의
돈을 버나요?

외교관이라고 하면 "와! 부자겠다!"라고 부러움을 표시하는 학생들이 의외로 많은 것 같다. 아마도 웅장한 대사관저와 화려한 파티 장면을 보고 그렇게 여기는지 모르겠다. 그런데 대사관과 대사관저의 규모가 큰 것은 국가를 상징하는 얼굴이기 때문이다. 대사관의 규모가 작고 초라하다면 우리나라를 작고 가난한 나라로 여길지 모른다. 대사관저도 마찬가지다. 대사관저는 대사가 생활하는 숙소이기도 하지만 외교 활동을 하는 매우 중요한 공간이다. 정부 관료나 유력인사들을 초청하여 리셉션이나 오·만찬을 베풀기도 하고 다양한 행사를 개최하기도 한다.

외교관이 부자라는 말은 맞지 않는다. 외교관은 돈을 버는 직업이 아니다. 다른 정부 부처 공무원들과 마찬가지로 정부로부터 월급을 받고 일한다. 재외공관에서 일하는 동안 외교관은 다른 직업을 갖고 돈벌이를 할 수 없다. 국가를 대표하여 공적인 외교를 하는 사람이 개인적인 이익을 위하여 외교관 신분을 이용하면 안 되기 때문이다.

외교관은 돈을 버는 직업은 아니지만 그렇다고 가난한 삶을 살지는 않는다. 외교관마다 차이가 있지만, 외교관 생활을 하는 동안 대략 절반은 해외에서 살게 된다. 재외공관에 근무하는 동안에는 외교관으로서 품위를 유지할 만큼 비교적 윤택한 생활을 한다. 한국과 외국을 오가며 살기 때문에 자녀교육에 어려움을 겪지만 해외유학을 보내지 않고도 해외에서 자녀교육을 할 수 있다는 점은 큰 혜택이다. 한국에서 살면서 자녀를 해외로 유학 보낸다고 가정해 본다면 얼마나 많은 비용을 절약할 수 있겠는지 상상해 보라.

외교관이 얻는
경제적 혜택은 없을까요?

세간에는 외교관은 큰 특혜를 누리는 직업이라는 인식이 적지 않다. 외교관은 고급 주택에서 만찬을 즐기며 가사도우미까지 두고 생활한다고 여기기도 한다. 과연 현실도 그럴까? 결론부터 말하자면 외교관은 공직자이고, 외교관의 처우나 보수도 같은 직급의 일반 공무원과 다른 바 없다.

다만, 재외공관에서 일하는 외교관에게는 근무 여건과 상황 등에 따라 여러 수당과 실비가 추가로 지급된다. 대한민국을 대표하는 외교관으로서 품격을 유지하고, 생활인으로서 정상적인 삶을 누릴 수 있도록 하기 위한 것이다. 수당의 종류를 살펴보면 재외근무수당, 특수지근무수당, 특수외국어수당 등이 있다. 재외근무수당의 차이는 다음과 같다.

재외 근무 수당의 종류	내용
재외 근무 수당	· 해외 근무지에서 일정 생활수준을 유지하도록 보전하는 수당이다. · 10개 근무지역별 및 직급별로 정해진 기준에 따라 미화 또는 현지화로 지급한다.
특수지 근무 수당	· 근무환경이 열악한 험지 국가에서 근무하는 데 대한 보상적 성격의 수당이다. · 험지의 정도에 따라 가~다 지역으로 구분하여 직급에 따라 차등 지급한다.

| 특수외국어 수당 | · 해당 특수어를 사용하는 국가나 국제기구 소재지에 근무하는 외교관에게 주어지는 수당이다. |
| | · 국립외교원이 인정하는 어학등급(1~3등급)을 소지한 사람에게 매달 일정액을 지급한다. |

또 재외공관 외교관에게는 (현지 국제학교 취학 시) 자녀학비보조수당, 현지공관 부임 여비 및 본부 귀임 여비, 주택임차료 등의 경비가 실비로 지원된다. 자녀학비보조수당은 유치원부터 고등학교까지 국내 수준의 교육을 받는 데 드는 학비의 일부를 지원하는 것이다. 부임 여비 및 귀임 여비로는 본인, 배우자 및 26세 미만 자녀의 항공료가 '최단거리 최저요금'을 기준으로 지급된다. 이와 함께 이전비이삿짐 운송비도 국가별·부피별로 정해진 '이전비 기준액' 범위 안에서 실비를 지원받는다. 선박운송을 기준으로 15cbm(m^3) 이내의 이삿짐 운송비가 여기에 해당된다. 주택임차료의 경우 공관별·직급별로 정해진 '임차료 상한선' 이내에서 지원을 받으며, 상한선을 초과하는 금액은 직원이 부담하게 된다. 이 외에 의료비(또는 의료보험료), (부모상 등으로 인한) 일시귀국 여비, 부임 정착지원금 등도 실비로 지원된다.

Q5
외교관은 치외법권을
가지고 있나요?

드라마나 영화를 보면 재외공관에 근무하는 외교관이 범죄에 연루돼도 체포나 구금되지 않는 특권을 누리는 장면이 종종 나온다. 흔히 '불체포 특권'이라 불리기도 하나 이것은 정확한 표현이 아니다. 이러한 특권은 외교관의 신체, 자유, 품위가 침해되지 않도록 보호받는 '불가침의 권리'에 해당된다. 외교관이 누리는 특권은 과연 어떤 것들이 있으며, 왜 이러한 특권을 허용한 것일까?

외교관의 특권과 면제

재외공관에 부임하면 외교관으로서 특권을 누리게 된다. 공식 용어로는 외교관의 '특권과 면제Privileges and Immunities'라고 한다. 외교관계에 관한 비엔나협약에 따라 부여된 권리다. 가장 대표적인 특권은 불가침권Inviolability이다. 외교관의 신체와 외교공관은 불가침권을 가지며, 외교관의 문서와 개인 재산도 불가침의 대상이다. 외교관에게 이러한 특권과 면제를 부여하는 것은 파견국을 대표해 외교업무를 자유롭고 효율적으로 수행하도록 하기 위해서다. 따라서 특권과 면제는 외교관 개인의 권리나 특혜가 아니라 그를 파견한 국가의 권리에 해당된다. 여권Passport이 개인의 소유가 아니라 국가가 발급한 공문서인 것과 같은 이치다. 그런 이유로 외교관은 본국의 허가 없이 자기 마음대로 특권과 면제를 포기할 수 없다.

불가침의 범위는 어디까지일까?

외교공관은 불가침이라고 했는데, 대사관은 물론 대사관저도 포함된다. 공관장의 동의 없이는 경찰 포함 어느 누구도 그 안에 들어가지 못한다. 외교관이 살고 있는 주택도 불가침이다. 자기 소유든 임차주택이든 마찬가지다. 휴가나 출장 갈 때 잠시 머무는 호텔 등 임시체류지도 불가침이다.

외교공관은 자국 영토의 일부로 볼 수 있을까? 아니다. 외교 공관이 불가침권을 가지고 있다 하여 자국 영토의 일부로 확대해석해서는 안 된다. 외교공관은 당연히 접수국주재국의 영토이다. 단, 비엔나협약에 따라 접수국은 외교공관을 보호할 의무가 있다. 우리나라의 경우 '집회 및 시위에 관한 법률'에 따라 외교기관이나 외교사절의 숙소 100미터 이내에서는 일체의 옥외집회와 시위를 금지하고 있다.

화재와 같이 긴급한 사태가 발생했을 때, 소방경찰이 공관장의 동의를 구하지 않고도 외교공관 안에 들어갈 수 있을까? 공관장의 동의를 구할 시간적 여유가 없는 긴급한 경우에도 외교공관 안에 들어갈 수 없다는 것이 정설이다. 그렇다면 탈북자들이 외교공관에 들어와 보호를 요청하는 경우는 어떨까? 이는 외교공관에 도피자나 정치적 망명자에 대한 외교적·정치적 비호권Asylum이 있느냐의 문제와 연결된다. 외교공관이 정치적 도피처가 되는 사례가 현실적으로 많기는 하지만, 법적으로는 외교공관에 정치적 비호권을 인정하지 않는다는 의견이 일반적이다. 그러나 도피자나 정치적 망명자가 일단 외교공관 안에 들어온 후에는 공관장의 동의 없이는 경찰이 공관 안에 들어가 끌어낼 수 없다.

외교공관의 재산, 차량, 비품 등도 모두 불가침의 대상이고, 이에 대한 주재국의 수색·징발·압류·강제집행이 면제된다. 또한, 외교공관의 문서는 언제 어디서나 불가침이다. 문서를 보관하는 용기는 물론, 외교관의 개인 문서도 불가침이다. 외교관계가 단절되거나 무력충돌이 발생한 경우에도 불가침의 권한은 유지된다. 종이 문서만 아니라 컴퓨터 저장장치 USB, 필름, 사진, 녹음도 불가침이다. 외교공관의 통신도 불가침이다. 외교업무를 수행하는 데 자유롭고 안전한 통신의 확보는 매우 중요하므로 접수국은 외교공관의 자유로운 통신을 허용하고 보호해야 한다.

신체의 불가침

외교관의 신체도 물론 불가침이다. 주재국에서 외교관을 체포 또는 구금할 수 없다. 접수국은 외교관의 신체와 자유가 침해되지 않도록 적절히 조치를 취해야 한다. 우리나라를 비롯해 많은 국가가 외교관의 신체를 침해하는 죄에 대하여 더 엄격하게 처벌한다. 접수국은 외교공관의 직무수행을 위해 충분한 편의를 제공해야 한다.

재판관할권으로부터 면제

외교관은 형사, 민사 등 모든 재판관할권으로부터 면제된다.

증인으로서 증언을 할 의무도 없다. 그렇다고 치외법권을 가지는 것이 아니다. 외교관이 직무수행 기간 중 사법절차에서 면제된다는 것에 불과하다. 외교관도 접수국의 국내법을 준수해야 한다. 재판관할권으로부터의 면제는 외교관 개인의 권리가 아니라 파견국의 권리에 해당된다. 따라서 본국만 그 권리를 포기할 수 있다.

과세로부터의 면제

외교공관은 물론 외교관은 국세, 지방세, 인세 및 물품세로부터 면제된다. 그러나 간접세, 상속세를 비롯해 서비스에 대한 대가, 개인 소유 부동산과 개인소득에 대해서는 세금이 면제되지 않는다. 공관이 공용 물품을 수입하거나 외교관과 그 가족이 개인적 사용을 위해 물품을 수입하는 경우 모든 관세와 조세로부터 면제된다.

외교관 가족도 같은 특권을 누릴까?

외교관의 가족도 외교관과 동일한 특권과 면제를 인정받는다. 다만, 성인으로 독립적 경제활동을 하는 가족에 대해서는 외교관의 특권과 면제를 인정하지 않는 국가가 많다. 외교관은 개인적으로 영리를 위한 직업 활동이나 상업적 활동을 할 수 없다. 반면, 외교관의 배우자는 현지에서 직업을 갖거나 영리활동을 할 수 있다.

Q6
외교관의 휴일은
언제인가요?

사람과 업무의 숲에 둘러싸여 사는 재외공관 외교관의 바쁜 일상을 보면서 이런 질문을 던지는 독자들도 있을 듯하다.

"그럼 외교관은 언제 쉬어요?"

물론 재외공관에서 일하는 외교관에게도 공식 휴일이 있다. 바로 재외공관의 공휴일이다. 우리나라의 국경일, 주재국의 공휴일, 그리고 외교부 장관이 지정하는 날 등이 여기에 해당된다. 언뜻 생각해 보면 공휴일이 많은 나라에서 근무하는 외교관이 부러울 법도 하다. 수년 전 미국 경제뉴스 전문방송인 CNBC는 '법정 공휴일이 많은 나라 Top 10'을 소개한 바 있는데, 4위 볼리비아를 제외하면 1위 영국, 2위 폴란드 등 'Top 10' 중 무려 9곳이 유럽 지역 국가였다. 해당 유럽 국가들에 주재하는 우리 재외공관들이 선망의 대상이 될 법도 하다. 하지만 외교관은 '쉬어도 쉬는 게 아닌' 직업 중의 하나다. 현지의 재외국민 동향을 수시로 파악해야 하는 데다, 사건이나 재해 등이 휴일을 피해 발생하지는 않기 때문이다.

힘들고 어려운 외교관의 삶
— 관리하는 외교관

외교관은 과거처럼 화려하고 멋지기만 한 직업은 아니다. 대한민국의 이익을 확보하고 해외에서 자국민을 보호하기 위해 멀티플레이어Multi-player가 되어야 한다. 외교역량을 키우고 끊임없이 자기를 관리해야 한다. 외교관의 역량을 강화하기 위해 외교부는 주기적으로 외국어 능력 평가와 외교역량평가를 실시한다.

영어와 제2외국어 역량 평가

'외교부에 입부해 정식 외교관이 되면, 혹시 외국어 공부로부터 자유로워질 수 있을까?' 외국어를 힘들게 익히느라 고생한 이들이라면 떠올릴 법한 질문이다. 하지만 외교관에게 외국어란 가장 큰 자산이자 가장 강력한 무기이다. 외교관이 되는 순간부터 오히려 더 갈고닦아야 할 능력이 바로 외국어 실력이다. 외교부는 직원들의 영어와 제2외국어 능력을 끌어올리기 위해 초임 사무관들을 해외에 연수를 보내기도 하고, 주기적으로 직원들의 영어능력평가1~5등급를 실시한다. 영어와 제2외국어에서 일정 수준의 등급을 받지 못하면 승진과 재외공관 발령에서 불이익을 받게 된다. 영어능력평가의 등급은 다음과 같다.

1등급	동시통역 수준
2등급	유창한 수준
3등급	능숙한 수준
4등급	무난한 수준
5등급	미흡한 수준

이 가운데 4등급은 "어휘와 문장은 제한된 범위 내에서 대체로 적절히 구사되고 있으나, 보다 복잡한 문장 구조에서는 정확성이 떨어지고, 단어 구성, 철자 등에 다소 부정확성이 있으나 의미 전달에 중대한 영향은 없는 수준"을 말한다. 최하등급인 5등급은 "어휘 사용의 적절성이나 문장구성력이 제한되어 짧고 간단한 문장에서도 오류가 나타나거나 시제 일치 및 주어, 동사 일치의 부정확성이 발견되고 단어 구성과 철자 오류가 빈번한 수준"이다.

외교관이라면, 원어민 수준으로 외국어를 구사할 수는 없더라도 말과 글로 의사를 정확하게 표현하고 협상에서 상대를 설득할 수 있을 정도의 외국어 실력을 갖추어야 한다.

외교역량평가

나는 외교안보연구원 ^{현 국립외교원} 에서 외교역량평가단장을 맡은 적이 있다. 외교관은 국내 보직인 과장과 재외공관 보직인 참사관, 그리고 국내의 국장과 재외공관의 공사 직급으로 승진하기 위해서는 외교역량평가를 받아 합격해야 한다. 불합격하면 승진하지 못한다.

오지 근무

외교관들은 항상 선진국에서만 근무하는 것이 아니다. 오히려 한국보다 생활이 어려운 나라에서 근무할 확률이 더 크다. 열악한 오지로 가서 살아야 할 수도 있다. 아프리카 오지에서 말라리아와 뎅기열 등 풍토병이 나와 가족의 생명을 위협할 수 있다. 치안의 불안과 내전과 테러의 위협을 받을 수도 있다.

Q1
이사를
자주 다녀야 하나요?

외교관으로서 겪은 어려움 중의 하나는 잦은 이사다. 나는 외교관으로 일하는 동안 국내외를 포함하여 열여섯 번 이사했다. 해외에서는 5개국 6개 도시에서 살았다. 첫 번째 지역은 영국 런던이다. 갓 결혼한 다음 가서 살았던 곳이므로 추억이 많이 남는 곳이다. 두 번째 지역은 사우디아라비아, 사막의 나라다. 중동에서 가장 큰 나라인데 주말에도 갈 곳이 없었다. 카페도, 영화관도 없었다. 가족과 함께 유일하게 즐겨 가던 곳은 대형마트였다. 에어컨이 있어 실내가 시원하고, 사람들을 구경할 수 있고, 물건들을 볼 수 있어서다. 가끔은 리야드에서 동쪽으로 다섯 시간 정도 운전하여 해안에 가기도 했다. 세 번째는 스위스 제네바다. 나라 전체가 알프스산맥으로 둘러싸이고 집에서 조금만 나가도 아름다운 레만호가 펼쳐져 있다. 하지만 경치도 몇 달 지나니 눈에 들어오지 않았다. 네 번째는 미국 워싱턴 D.C.다. 미국은 생활하기에 편한 나라다. 특히 수도인 워싱턴 D.C.는 세계 정치의 중심이라 할 수 있어 외교관은 누구나 한 번쯤 근무하기를 바라는 곳이다. 다섯 번째 태국 방콕에는 국제기구인 유엔 에스캅UN ESCAP 사무국에서 일하면서 2년간 살았다. 태국은 날씨가 무척 덥다. 아침저녁으로 날씨가 선선할 때는 12월, 1월, 2월 석 달 뿐이다.

∧ 1982년~1985년 주영국대사관 근무시 살던 아파트

∧ 1993년~1996년 주미대사관 근무시 살던 주택

∧ 주휴스턴총영사 관저

여섯 번째는 미국 휴스턴이다. 미국 남부에 있는 도시로 뉴욕, 로스앤젤레스, 시카고에 이어 네 번째로 큰 도시다. 텍사스, 오클라호마, 아칸소, 루이지애나, 미시시피 5개 주가 관할 지역이다. 텍사스만 해도 한반도 면적의 4배가 넘을 정도로 크다. 자동차로 하루종일 달려도 동쪽 끝에서 서쪽 끝까지 가지 못한다. 같은 주인데도 동서로 한 시간의 시차가 있다.

어느 곳이 살기가 좋았는지 선뜻 대답하기가 쉽지 않다. 왜냐하면 모든 나라가 그 나름대로 특색과 장단점이 있기 때문이다. 하지만 어려운 지역일수록 지나고 보면 더 보람이 있고 기억에도 남는다.

Q2
스트레스는
어떻게 푸나요?

스트레스가 없는 사람은 아마도 없을 것이다. 스트레스에서 벗어나는 방법은 없을까? 사람들은 스트레스를 풀기 위해 운동을 하거나 여행을 가기도 한다. 책을 읽거나 영화를 보고, 음악을 듣고, 맛있는 음식을 먹고, 가까운 사람과 만나 대화를 나누기도 한다.

스트레스를 풀려면 왜 스트레스가 생기는지 원인을 알아내는 것이 중요하다고 본다. 과도한 일, 감당하기 어렵고 무거운 책임감, 여유 없이 쫓기며 사는 삶, 다른 사람과의 관계가 매끄럽지 못한 데서 오는 불안감, 내가 설정한 목표를 달성하지 못한 데서 오는 초조함, 잠이 부족해서 오는 육체적인 피로 등 스트레스의 원인은 수만 가지일 것이다. 스트레스를 없애거나 극복하려고 애쓰는 것 자체가 스트레스가 될 수도 있다. 스트레스를 함께 가는 것도 방법이다. 스트레스가 때로는 적당히 긴장감과 활력을 주기도 한다.

스트레스는 마음에서 비롯되는 경우가 많다. 마음먹기에 따라서는 스트레스를 어느 정도 극복할 수 있다. 우리 속담에 '사촌이 땅을 사면 배가 아프다.'는 말이 있다. 남과 비교하여 생기는 스트레스가 정말 많다. 나는 가급적 남과 비교하지 않으려고 한다. 내가 어떠한 마음가짐을 갖느냐에 따라 스트레스가 생기는 것은 상당히 많이 극복할 수 있는 것 같다.

또한 긍정적인 생각으로 부정적인 생각을 덮으려고 애쓰기도 한다. 아무리 큰 어려움이 닥쳐도 '잘되겠지! 잘될 거야!' 긍정적으로 생각하고 스스로 위로한다. 내가 가진 것에 만족하고 감사하는 마음을 가짐으로써 스트레스를 원천적으로 차단하기도 한다. 때로는 아무런 생각 없이 시간을 보내기도 한다. 의식적으로 아무 생각도 안 하고 '멍때리듯이' 시간을 보내는 것이다.

내가 특별히 강조하는 방법은 '이왕 할 거면 즐거운 마음으로 하자!'다. 일종의 자기최면이다. 어차피 내가 해야 하는 일이라면 얼굴을 찡그리고 해 봐야 나만 힘이 든다. 공부하는 것도, 숙제하는 것도, 시험준비를 하는 것도, 월요일 아침에 학교에 가는 것도 모두 피할 수 없이 해야 하는 일이다. 피할 수 없는 일, 이왕 해야 하는 일이면 즐거운 마음으로 하자!

평소 건강관리는
어떻게 하나요?

외교관은 늘 긴장하면서 일을 해야 하므로 힘들 때가 많다.
그래서 체력이 뒷받침되어야 한다. 육체적인 건강뿐만 아니
라 정신적인 건강도 매우 중요하다. 건강관리를 잘 하기 위해
서는 우선 운동과 음식을 잘 챙겨야 한다.

나는 틈만 나면 운동을 한다. 젊었을 때는 축구와 탁구를 즐
겨 했고 주말이면 산에 올랐다. 요즘 가장 많이 하는 운동은
걷기다. 특별한 경우가 아니면 무조건 지하철이나 버스 등 대
중교통을 이용한다. 그렇게만 해도 하루에 대략 1만 보 이상
걷게 된다. 일주일에 서너 번은 헬스장에 가서 유산소 운동과
근력운동을 하고, 일주일에 두세 번은 수영장을 찾는다.

건강관리를 위해 각별히 절제하는 것은 음식이다. 평소 음식
관리에 조심하지만, 외부에서 점심 또는 저녁 식사를 자주 하
니 조금만 방심해도 과체중이 되곤 한다. 그래서 몇 해 전에
금식을 하기 시작했다. 일 년에 한 번 금식수련원에 가서 여
러 사람과 함께 금식을 한다. 한겨울 추운 날씨지만 한 해를
새롭게 맞이한다는 마음으로 주로 1월에 시작한다. 열흘 동
안 물만 마시고 매일 7km 산을 오르다 보면 몸도 가벼워지고

머리도 맑아진다. 진짜 중요한 것은 금식을 끝낸 다음부터다. 다시 전처럼 음식을 먹으면 금방 원래의 체중으로 돌아가고 심지어 더 살이 찌는 요요yo-yo 현상이 발생할 수 있다. 금식이 끝난 다음 최소한 30일 이상 철저하게 음식 섭취를 관리해야 한다. 100일이 지나면 세포가 변하여 위의 크기가 줄게 되니 자연히 먹는 양도 줄게 된다. 열흘 금식과 100일 음식관리를 마치고 나면 건강도 회복되고 어려움을 이겨낸 기쁨도 덤으로 얻게 된다.

Q4
위기 상황이 발생하면
어떻게 대처해야 하나요?

∧ 2005년 허리케인 카트리나로 물에 잠긴 뉴올리언스 시가지에서 구호활동

미국 휴스턴에서 총영사로 근무하던 2005년 8월 말이었다. 루이지애나주의 최대 도시인 뉴올리언스가 허리케인 카트리나에 초대형 재난을 겪었다. 도시 안으로 뻗어 있는 운하의 제방 4개가 광풍을 견디지 못하고 무너지면서 도시의 80%가 순식간에 물에 잠겼다. CNN 방송은 시신들이 물에 둥둥 떠다니는 참혹한 모습을 화면에 내보냈다. 통신이 두절되고 시내는 약탈이 판치는 무법천지가 되었다. 미국은 물론 우리나라도 발칵 뒤집혔다. 뉴올리언스에는 2,500여 명의 교민이 살고 있었다. 미국 정부가 강제대피령을 내리고, 뉴올리언스로 가는 고속도로 입구에는 무장경찰이 배치돼 진입을 막았다.

주변의 반대에도 불구하고 현장구조단을 구성해 뉴올리언스로 직접 들어가기로 했다. 재난현장으로 가서 교민들의 피해 상황을 살피고 한 명이라도 더 구호하는 것이 마땅히 해야 할 임무라고 여겼기 때문이다. 발 빠른 초기 대처와 교민들의 신속한 대피 덕분에 기적 같은 일이 일어났다. 수천 명의 희생자를 낳은 카트리나 사태 때 우리 교민의 인명피해는 단 한 건도 없었다.

외교관은 위기의 순간에, 국가와 국민을 위해 자신을 던질 수 있어야 한다. 위기대처 능력은 한순간에 만들어지는 것이 아니다. 외교관은 언제 어디에서 위기와 시련의 순간을 만나게 될지 모른다. 아무리 훌륭한 외교적 업적을 세웠어도 위기 상황에 제대로 대처하지 못하면 공든 탑은 한순간에 무너진다. 외교관은 항상 위기상황에 대해 철저한 대비책을 마련하고 있어야 한다.

3 외교관의 미래 전망

— 변화하는 시대의 외교관

"16세기 학자들이 주장하는 바에 의하면, 최초의 외교관은 천사들로서 그들은 하늘과 땅 사이의 사자使者; angeloi 역할을 했다는 것이다." 해롤드 니콜스 경 지음 외교론: Diplomacy

외교관의 역사가 태초부터 시작되었음을 강조한 것이다. 학자들은 유사 이전의 야만인들에게도 외교가 존재했다고 주장하고 있다. 외교가 직업으로서 인식되기 시작한 것은 이탈리아의 도시국가들이 15세기에 상주대사를 임명하기 시작했을 때였다. 그리고 1815년 비엔나 국제회의 이후 외교관의 신분과 규율이 국제법에 의해 확립되어 오늘에 이르고 있다.

이처럼 외교의 역사는 장구하다. 국가가 존재하는 한 외교관이라는 직업은 사라질 수 없다. 국가 간의 관계를 다루는 사람은 반드시 필요하기 때문이다. 외교관은 고대에도 있었고 앞으로도 계속 존속할 것이다. 4차 산업혁명 시대에도 인공지능, 로봇이 외교를 대신할 수 없다. 그런 점에서 외교관은 직업 면에서 볼 때 매우 안정적이다. 외교관은 시대적 변화에도 흔들리지 않는 직업이라고 할 수 있다.

국가 간의 관계가 갈수록 복잡해지고 있다. 따라서 외교의 역할은 더욱 중요해질 것이다. 외교를 잘 하느냐 못 하느냐에 따라 국가가 망하기도 하고 더욱 부강하고 강성한 나라가 되기도 한다. 그만큼 외교는 국가의 운명을 좌우하는 생존의 문제이다. 외교관의 일과 삶은 고되지만, 보람이 그보다 더 크고 사회적으로도 존경을 받는다.

외교관의 성비에
변화가 있나요?

여성 외교관 수가 대폭 늘었다. 국제기구에서 커리어를 쌓은 강경화 장관이 2017년 첫 여성 외교부 장관에 올랐다. 이어 2023년에는 오영주 주베트남 대사가 첫 여성 외교부 차관에 등용되었다.

외국에서는 여성 외교관들이 활발하게 활약하고 있다. 내가 외교부에 들어간 1979년만 해도 사무실에서 여성 외교관을 거의 찾아보기 어려웠다. 여성의 외교관 진출이 점차 늘기 시작하여 최근엔 매년 외교관후보자 시험 합격자의 절반 이상을 여성이 차지할 정도로 크게 증가하였다. 2016년에는 70%가 넘었다. 전체 외교관 수로 보면 2023년 1월 현재 외교부 인원 2127명 중 827명이 여성으로 38.8%를 차지하고 있다. 바야흐로 여성 외교관 시대가 활짝 열렸다.

본부 간부직에서도 여성 임용이 대폭 늘고 있다. 과장급에서 여성의 진출이 꾸준히 증가한 데 이어 실국장급에서도 여성이 대폭 늘고 있다. 2022년 본부 실장급 10명 중 2명과 국장급 26명 중 6명이 여성이었다. 비율로 보면, 실장급과 국장급의 20% 이상이 여성이고 과장급에서는 거의 절반을 여성이 차지하고 있다.

전에는 주로 문화협력, 개발 협력 또는 다자외교 분야에서 임용됐던 것에 비해 최근에는 양자외교와 경제·통상 등 다양한 분야에서 두각을 나타내고 있다. 북핵을 비롯하여 사실상 거의 모든 분야에서 여성 외교관이 능력에 따라 골고루 기용되고 있다.

Q2
여성 외교관도
험지에서 근무하나요?

국내외에서 번갈아 순환 근무가 이뤄지는 직업의 특성상 여성 외교관도 해외공관 근무를 한다. 문제는 여성 외교관들이 치안이 불안하고 정변의 위험이 크거나 근무 여건이 열악한 아프리카 등의 험지에서 일할 수 있느냐이다. 여성 외교관의 수가 많지 않던 시절에는 선·후진국을 교차 근무토록 하는 '냉탕 온탕' 인사발령 원칙에서 여성 외교관에게 어느 정도 예외를 인정해 주기도 했다. 그러나 여성 외교관의 수가 압도적으로 많아지면서 이런 배려는 더 이상 가능하지 않게 됐다. 이젠 남녀를 불문하고 선진국과 후진국을 번갈아 근무하는 '냉온탕 인사원칙'을 적용하고 있다.

한편, 여성 외교관이 '분쟁 지역'의 재외공관에서 근무한 사례도 있다. 한 중견 여성 외교관의 경우 정정政情이 불안하고 치안이 취약한 아프가니스탄 파르완 지역에서 활동하고, 뒤이어 에티오피아에서도 훌륭히 임무를 마치고 본부에 복귀해 화제가 되기도 했다. 그는 현지에서 보니 외국의 경우 여성 외교관들이 많이 나와 활동하고 있었다고 말한다. 험지 임무를 성공적으로 수행한 그녀의 사례는 다른 여성 외교관들에게도 용기와 자신감을 불어넣는 본보기가 되고 있다.

Q3
외교관의 가정생활은
어떤 모습인가요?

"외교관들은 결혼과 육아를 어떻게 하나요?"
"배우자와 함께 해외공관에 나갈 수 있나요?"

외교관을 꿈꾸는 젊은이들로부터 가장 많이 받게 되는 질문들이다. 외교관이 되면 2~3년마다 재외공관에서 해외 생활을 해야 하는데, 과연 '일반적인 가정을 꾸릴 수 있을까?' 하는 걱정이 담겨 있는 셈이다. 사실 외교관 지망생에게 가장 큰 관심사 중 하나가 결혼과 가정 문제이다. 가정을 꾸리고 자녀를 교육하는데 비용도 많이 들기 때문에 금전적인 문제도 안고 있다.

작가, 화가, 프리랜서 등 혼자서 일을 하는 직업이라면 몰라도 국내에 직장이 있거나 의사, 변호사 같은 전문직을 가진 사람은 배우자를 따라 해외에 가서 몇 년씩 살기가 어려운 것이 현실이다. 최근 몇 년간 외교관후보자 선발시험에서 합격자의 절반 이상이 여성인 점을 감안하면, 젊은 외교관들에게 결혼과 출산, 육아 등은 가장 민감한 문제라고 해도 과언이 아니다.

여성이 외교관 생활을 하면서 몇 년마다 수년씩 배우자와 떨어진 채 해외에서 살게 되면 안정적으로 가정을 꾸리는 데 드는 어려움이 한 두가지가 아니다. 무엇보다 해외에서 외교업무를 수행하면서 출산을 하거나 자녀를 키우는 일은 여간 힘든 것이 아니다. 저출생 위기를 극복하는 것은 국가적으로 해결해야 하는 시급한 과제이다. 여성 외교관들이 해외에서 임신 · 출산과 자녀교육에 대한 걱정을 덜고 대한민국을 대표해 외교 활동에 전념할 수 있도록 정책적인 배려가 필요하다고 본다. 출산적령기 여성 외교관들이 필요한 경우 국내 근무를 선택할 수 있게 하는 것도 하나의 방안이 될 수 있다. 공관 근무 체계를 좀 더 탄력적으로 운영하고 대체인력도 확충돼야 여성 외교관이 가정을 꾸리면서도 외교에 전념할 수 있을 것이다.

Q4
외교관들은 결혼과 육아를
어떻게 하나요?

외교관들이 배우자를 찾기 어렵다 보니 외교부 안에서 연분을 맺는 경우가 늘어나고 있다. 이른바 '부부외교관'이다. 2011년 22쌍이던 부부외교관이 2016년에는 33쌍으로 늘었다. 유엔 사무차장으로 근무했던 김원수 외시 12회, 박은하 19회 씨 부부가 부부외교관 1호다. 부부가 함께 같은 목표를 향해 나아가는 진정한 동반자가 된다는 것은 분명 커다란 축복이다.

그러나 부부외교관에게도 어려움이 있기는 마찬가지다. 어느 한쪽이 해외 발령을 받으면 서로 떨어져 지내야 하는 점이 가장 큰 어려움이다. 부부가 함께 동일 공관에 발령받기는 '하늘의 별 따기'라고 생각하면 된다. 부부외교관이 극히 드물던 때에는 부부가 같은 공관이나 인접 공관에 발령받는 특혜를 받기도 했다. 그러나 부부외교관이 계속 늘어나는 상황에서 이 같은 배려를 더 이상 기대하기는 어려워졌다.

내가 차관으로서 외교부 인사위원장을 맡고 있을 때, 인도적 차원에서 부부외교관의 재외공관 발령 문제에 대해 검토해 본 적이 있다. 부부외교관을 같은 공관에 보낼 것인지, 아니면 최소한 같은 나라, 같은 지역에라도 보낼 것인지, 그 실현 가능성을 살펴보고자 했다. 부부를 동일 공관에 발령하기 위해서는 몇 가지 조건이 맞아야 한다. 우선, 비슷한 연조의 부부 외교관을 함께 배치할 만큼 인력 규모가 큰 공관이어야 한다. 그런데 전 세계 160여 개 재외공관 가운데 공관장을 포함해 2~3인 미만의 소규모 공관이 전체 공관의 절반 이상을 차지한다. 심지어 1인 공관장 공관도 느는 추세다. 비교적 규모가 큰 공관이라도 두 사람의 직급에 적합한 자리가 비어 있어야 하고, 선·후진국 순환 근무 원칙에도 맞아떨어져야 한다. 이러한 조건들을 동시에 충족하기는 사실상 어렵다.

외교부 간부들과 함께 오랜 시간 이 문제를 논의했는데, 결론은 '부부외교관에게 특혜를 주지 않는 것이 낫겠다'는 것이었다. 부정적인 영향이 더 클 것이라는 판단에서였다. 부부외교관들에게 지나친 기대감을 줄 뿐만 아니라, 혜택을 받지 못하는 부부외교관은 상대적 박탈감이 더 클 것이다. 또한, 배우자를 동반하지 않고 홀로 재외공관에 부임하는 외교관들이 상대적으로 차별의식을 가질 수도 있다. 인사발령을 하는 입장에서는 부부를 같은 공관에 보내자니 특혜 시비가 붙을 수 있고 2, 3년마다 떼어 놓자니 몇 년 동안 생이별의 아픔을 겪어야 하는 부부외교관들이 인간적으로 너무 안쓰러웠다. 그러니 원칙과 인도주의 사이에서 고민할 수밖에 없었다.

Q5
잦은 이사로 인한
자녀교육의 어려움은 없나요?

젊은 외교관들이 부딪히는 또 하나의 고민은 바로 육아와 자녀교육 문제다. 외교관은 국가의 부름에 따라 몇 번이고 이사를 다닐 수밖에 없는 존재다. 국내와 해외를 번갈아 다니다 보면 잦은 환경 변화로 자녀들이 겪는 정서적인 어려움이 더욱 클 수밖에 없다.

내 경우엔 여섯 차례 해외 근무를 했는데, 한 임지에서 오래 있지 못하고 자주 이삿짐을 싸야 했다. 자녀가 새로운 나라에 가서 친구를 사귀고 학교생활에 적응할 만하면 또다시 다른 나라로 옮겨 가야 했다. 아이들의 스트레스는 이만저만 큰 게 아니었다. 그런 아이들의 모습이 안쓰러워 눈시울이 붉어지기도 했다. 가장 안타까웠던 것은 부임하자마자 아이들이 "이번엔 이 나라에서 언제까지 있을 건가요?"라고 물었을 때였다. 확실한 대답을 할 수 없어 미안한 마음이 들었다. 내가 해외생활을 하면서 가장 걱정했던 점도 자녀교육이었다. 만약 여성 외교관이 해외근무를 하면서 혼자서 자녀를 키우게 된다면, 그 어려움은 상상 이상일 것이다.

해외공관에서는 부부동반으로 참석해야 하는 만찬 등 외교

249

행사가 많은데, 외국에서 어린 자녀를 맡길 만한 곳을 찾기가 쉽지 않다. 미국처럼 열 살 미만의 자녀를 집에 홀로 두면 부모를 처벌하는 국가도 있다. 결국 자녀가 학교에 들어갈 때까지 유아원, 유치원에 보내야 하고, 초등학교에 입학한 후에도 가까이서 아이를 돌봐야 한다. 외부 행사가 있으면 직원들이 서로 아이들을 돌봐 주기도 하지만 늘 가능한 일은 아니다. 경우에 따라선 아이를 돌봐 줄 도우미를 구해야 하는데, 문화와 환경이 달라 어려움이 뒤따를 수밖에 없다. 임지를 옮길 경우엔 눈코 뜰 새 없을 정도로 업무가 많아지는데, 시간을 쪼개서라도 아이들이 낯선 환경에 잘 적응하는지 세심하게 살펴야 한다.

외교관으로서 해외에서 자녀를 키우고 교육시키는 일은 힘들고 어렵게 느낄 수도 있지만 좋은 점도 많다. 자녀들이 어려서부터 세계 여러 나라에서 다양한 문화와 사람들을 접하면서 세상을 보는 시야가 넓어지고 글로벌마인드가 생기게 된다. 영어와 제2외국어를 익히고 구사하게 되는 것도 커다란 축복이다. 다만 국내 실정에 어둡고 한국어 구사 능력이 약해질 수 있기 때문에 이를 보완할 만한 교육도 필요하다. 나는 아이들이 어릴 때부터 한국 신문과 책 등을 많이 읽도록 하고, 글쓰기 연습을 하도록 이끌었다. 무엇보다도 중요한 일은 대한민국의 아들과 딸이라는 자긍심과 정체성을 심어주는 것이다. 뿌리가 깊어지면 꿈나무가 더 높이, 더 멀리 가지를 뻗을 것이기 때문이다.

외교관에 대한 정보는
어디서 얻나요?

외교관을 비롯해 국가공무원을 꿈꾸고 있다면 사이버
국가고시센터(이하 고시센터)에서 관련 정보를 얻을 수
있다. 인사혁신처가 운영하는 고시센터에는 외교관후
보자 선발시험을 비롯해 모든 국가고시에 대한 수험 정
보가 취합되어 있다. 외교관후보자 선발시험의 경우 시
험공고부터 시험 일정 안내, 제1차 시험 및 제2차 시험
기출문제 등의 정보를 고시센터에서 확인할 수 있다.

외교관후보자 선발시험 일정은 인사혁신처가 매년 12월에
공고하며 이듬해 1월 초에 전자관보 및 고시센터를 통해 상
세하게 안내해 준다. 응시자는 회원 가입 후 고시센터를 통
해 원서를 접수하고 한국사, 영어, 외국어 등의 과목은 외부
능력 검정기관으로부터 받은 성적을 등록해야 한다. 회원이
되면 고시센터의 '마이페이지'에서 원서 접수내역 확인, 합
격/성적 조회, 외국어/영어 성적 사전등록, 응시표 출력 등
을 이용할 수 있다.

외교부 관련 사이트
· 외교부 www.mofa.go.kr
· 국립외교원 www.knda.go.kr
· 인사혁신처 사이버국가고시센터 www.gosi.kr

닮고 싶은 사람을
곁에 두라

대부분의 성공하는 사람들에게는 한 가지 공통점이 있다. 존경할 만한 누군가를 롤모델로 삼아 그를 닮기 위해 끊임없이 노력했다는 점이다. '피겨 여왕' 김연아 선수는 아홉 살 때 인생의 롤모델을 발견했다. 당시 일본 나가노 올림픽 피겨 스케이팅 경기에서 감동적인 연기를 펼친 미국 대표선수 미셸 콴이 그 대상이었다. 미셸 콴의 연기를 보면서 반드시 그녀처럼 훌륭한 피겨 선수가 되겠다고 다짐했던 것이다. 어린 김연아 선수는 빙판 위에 엉덩방아를 찧을 때마다 미셸 콴의 모습을 떠올리며 다시 일어섰다. 어린 시절의 꿈은 수많은 땀을 먹으며 자라났고 마침내 김연아 선수는 자신의 롤모델을 뛰어넘는 피겨 스케이팅의 레전드가 될 수 있었다.

외교관의 경우에도 존경할 만한 롤모델을 한 명쯤 정해놓고 그의 삶을 거울로 삼는 것도 지혜로운 방법일 수 있다. 외교관으로서 나의 롤모델은 강영훈 주영국대사였다. 외교관으로 일하던 시절, 나는 '인복'이 많은 사람이었다. 외교부 본부와 해외에서 훌륭한 선배 외교관들을 많이 만났기 때문이다. 직속상관으로 모신 두 분이 국무총리가 되고, 일곱 명은 외교부 장관의 자리에 올랐다. 특히 강영훈 대사는 내게 특별한 존재였다. 강 대사는 참 군인이자 학자이고 정치인이었다. 그리고 내게는 참 공직자이자 외교관으로서 모범이 되는 인물이었다. 외교관으로 일한 33년 세월 동안 그는 한결같이 말과 행동으로 공직자의 본을 보이고, 외교관으로서 바른길을 가도록 이끌어주었다. 공직자로서의 헌신적인 자세와 국가에 대한 깊은 충성심, 강직하면서도 온화하고 따뜻한 성품, 솔선의 리더십과 진정으로 남을 헤아리고 보살피는 배려의 정신까지 무엇 하나 부족한 점이 없는 큰 그릇이었다. 강 대사는 결코 소신을 쉽게 굽히지 않는 대쪽 같은 인물이었다. 때론 부러지기 쉬운 대나무 같은 언행에도 그가 성공한 총리, 성공한 외교관으로 이름을 남길 수 있었던 비결은 무엇일까. 나는 사람을 지위나 재산의 무게가 아니라, 사람 그 자체로 존중하고 배려한 그의 성품에서 성공 비결을 찾고 싶다. 강 대사는 그 대상이 누구든 한결같이 한 인격체로서 존중해줬다. 그의 곁에 적이 아닌, 동지와 친구가 많았던 이유이기도 했다. 흔히 외교의 첫걸음이란 상대를 친구로 만드는 것이라고 한다. 그런 면에서 강 대사는 타고난 외교관이었던 셈이다. 강 대사와의 만남은 내게 축복이었다.

이번 파트에서는 외교관을 꿈꾸는 젊은이들이 롤모델로 삼을 만한 외교관 몇 사람을 소개하겠다. 인터뷰는 모두 당사자의 허락을 받고 진행했으며 출판에 동의를 얻었다.

1
세계를 움직인 사람,
반기문 제8대 유엔 사무총장

지구촌 사람들에게 가장 유명한 한국 사람을 묻는다면 아마도 '십중팔구' 반기문 제8대 유엔 사무총장을 꼽을 것이다. 반기문 총장은 1945년 유엔이 창설된 이래 여덟 번째 사무총장이자 아시아 출신으로는 두 번째 사무총장이었다. 훌륭한 외교관, 글로벌리더를 꿈꾸는 이들이라면 반기문 총장이 걸어온 길을 한 번쯤 깊이 들여다볼 필요가 있다. 그 길에 깊이 팬 발자국 하나에서 자신을 새롭게 변화시킬 '성공의 바이블'을 발견할 수도 있기 때문이다.

스스로 터닝 포인트를 만든 사람
반기문 총장의 고향은 충북 음성이다. 초등학교 시절, 소년 반기문은 한국전쟁의 참화를 겪었다. 학교 건물이 파괴돼 흙바닥에서 수업을 받기도 했다. 열악한 환경 속에서도 그는 늘 손에서 책을 내려놓지 않았다. 공부를 워낙 잘해 '수재'란 소리를 들었지만, 이는 지독한 노력 덕분이기도 했다. 그러던 어느 날 그가 다니던 초등학교에 변영태 외무부 장관이 방문해 강연을 했다. 나라를 위해 외국을 돌아다니며 일하는 변 장관의 이야기는 화살처럼 소년의 마음에 날아와 꽂혔다. 외교관이라는 꿈이 그의 가슴에서 처음 꿈틀대던 순간이었다.

256

중학교로 진학해 그가 가장 심혈을 기울여 공부한 과목은 영어였다. 세계를 무대로 일하려면 무엇보다도 외국어를 잘해야 한다는 생각에서였다. "영어에 미쳤다."는 소리를 들을 정도로 공부에 빠져들었다. 용돈을 모아 『타임』 잡지를 사서 종이가 닳을 때까지 보고 또 읽었다. 충주고 시절엔 직접 외국인을 찾아 나서기도 했다. 거리에서 마주친 선교사, 인근 공장의 외국인 노동자 등 영어로 대화할 수 있는 사람이라면 누구나 그에겐 훌륭한 스승이었다.

그런 그의 모습을 보고 담임교사가 '비스타VISTA, Visit of International Student to America'에 대한 정보를 알려 주었다. 비스타란 외국 학생을 미국으로 초청해 연수의 기회를 주는 프로그램인데 서울에서 열리는 영어경시대회에서 입상하면 연수 자격을 얻는다는 것이었다. 결국 경시대회에서 최고 점수로 입상한 그는 이듬해 한 달간 미국을 방문했다. 그리고 그곳에서 꿈도 꾸지 못했던 특별한 만남을 갖게 된다. 비스타를 주관하는 미국 적십자사의 주선으로 백악관에서 케네디 대통령을 만난 것이다. 케네디 대통령은 그에게 장래 희망을 물었다. 그는 망설임 없이 대답했다. "네, 외교관입니다." 그 스스로 자신의 어릴 적 꿈에 확인 도장을 찍는 순간이었다.

그 후 고교생 반기문은 외교관이라는 꿈을 향해 한 걸음씩 나아갔다. 서울대 외교학과에 입학해 공부가 본업이자 취미일 정도로 책을 팠다. 잠자는 시간을 줄여 가며 공부를 하다 보니 도서관에서 책을 읽다가 코피를 흘리는 경우도 잦았다. 대학을 졸업하던 해에 마침내 외무고시에 합격해 꿈에도 바라던 외교관의 길을 걷기 시작했다. 미주국장, 외무부 장관특보, 외교정책실장, 제2차관, 주오스트리아 대사 등 요직을 두루 거쳐 2004년에는 대한민국 외교의 수장인 외교통상부 장관의 자리에 올랐다. 그가 청운의 꿈을 품고 외교부에 입부한 지 34년 만의 일이었다. 하지만 그의 도전은 여기서 멈추지 않았다. 세계 각국의 외교관이라면 누구나 품을 만한 궁극의 꿈, 유엔 사무총장을 향해 출사표를 던진 것이다. 어린 시절 전쟁의 참상을 겪고 누구보다도 평화를 염원하던 그에게 인류 평화에 이바지하는 것은 또 하나의 간절한 꿈이기도 했다. 마침내 2006년 그는 유엔 사무총장 후보로 지명되었고, 이듬해 1월부터 제8대 유엔 사무총장으로서 세계를 무대로 뛰기 시작했다.

가난한 농촌 학생 반기문을 최고의 외교관에 이어 유엔 사무총장의 자리로 이끈 것은 과연 무엇이었을까. 나는 돌직구 같은 그의 집념을 첫손가락에 꼽고 싶다. 반기문 총장은 어린 시절부터 자신의 꿈을 믿고, 그 꿈을 향해 우직하게 걸어온 사람이다. 그에게 영감을 주고 동기를 부여한 계기가 있긴 했지만, 꿈을 현실로 만든 것은 그의 신념과 땀이었다. 흔히 케네디 대통령과의 만남이 그의 인생에서 터닝 포인트로 꼽힌다. 하지만 어찌 보면 그러한 터닝 포인트를 만든 주인공은 그 자신이기도 했다.

"지금 자면 '꿈'만 꾸지만, 지금 공부하면 '꿈'을 이룬다."

하버드대학 도서관에 붙어 있다는 이 글귀는 반 총장이 어린 학생들에게 자주 해 주는 금언이기도 하다. 그의 말이 더 큰 울림으로 다가오는 것은 아마도 이 글귀를 실천한 산증인이 바로 반 총장이기 때문일 것이다.

가슴이 뜨거운 사람

나는 외교관 생활을 하는 동안 반기문 사무총장을 가까이에서 일할 기회가 몇 차례 있었다. 그가 외무부 장관 특별보좌관을 맡았던 시기에 장관 비서관으로 함께 일했고, 그가 주미 대사관 정무공사로 일하던 시절에는 그의 지휘를 받는 1등서기관으로 근무했다. 그리고 그가 유엔 사무총장이 된 뒤에는 내가 외교통상부 제2차관을 맡으면서 인연이 다시 이어졌다. 유엔을 비롯한 국제기구 업무는 제2차관 소관이었다. 그 후에도 유엔 전문기구인 유네스코의 한국위원회 사무총장으로서 인연을 이어 갔다.

곁에서 지켜본 반기문 총장은 한마디로 '헌신적인 사람'이다. 늘 일이 첫 번째였고, 개인으로서의 삶은 그다음이었다. 유엔 사무총장이 된 이후에도 살인적인 일정을 소화하며 왕성한 활동을 펼쳤다. 그가 관여하는 국제적 분쟁이나 탄소배출 감축 같은 지구적 이슈는 사실, 국가에 따라 이해가 상충하는 부분이 많았다. 그러다 보니 사무총장직을 수행하는 게 결코 쉽지 않고, 그의 행보에 대한 호불호도 엇갈리게 마련이었다. 하지만 그를 비판하는 사람들조차 두말없이 인정하는 것은 그의 한결같은 성실성이었다. 그 성실함의 밑바탕에는 바로 투철한 사명감이 자리하고 있었다. 그가 꿈과 목표를 향해 흔들리지 않고 한 걸음씩 내딛을 수 있었던 비결은 무엇이었을까. 아마도 그의 가슴에 나라를 위해 그리고 인류를 위해 봉사하겠다는 뜨거운 사명감이 늘 살아 있었기 때문이 아닐까.

반기문 리더십의 본질은 무엇일까. 나는 사람 중심 리더십에서 그 본질을 찾고 싶다. 반기문 총장, 그는 사람을 수단으로 대하지 않는 사람이다. 늘 상대방을 배려하고 스스로를 낮춰 남다른 인간관계를 만들어 낸다. 직위나 신분에 관계없이 사람을 인격체로서 존중하기 때문에 가능한 일이다. 사람을 최우선으로 두는 반기문 특유의 배려의 리더십은 그가 유엔 사무총장으로서 발휘한 '섬기는 리더십'과도 맥을 같이한다. 그는 유엔 조직을 이끄는 수장이었지만, 자신이 '누리는 사람'이 아니라 '섬기는 사람'이어야 한다고 말하곤 했다.

2
'대한민국의 대표 여성 외교관'
백지아 전 주제네바 대사

"후배들이여, 도전하라! 꿈은 크게, 가슴은 뜨겁게"

외교가에서 '대한민국의 대표 여성 외교관'으로 꼽히는 백 지아 전 주제네바 대사. 그는 여성 외교관으로서 새 역사를 써 내려가고 있는 주인공이다. 국제안보대사를 역임한 데 이 어 외교부 사상 최초로 기획조정실장에 발탁됐고, 2018년엔 주제네바 대사로 임명돼 다자외교를 주도했다. 이보다 앞서 2010년에는 여성으로선 역대 세 번째로 본부 국장(국제기구 국장)에 올라 화제가 되기도 했다. 외무고시(18회)에 합격한 것도 여성으로선 사상 두 번째였다.

이처럼 최초 혹은 그에 버금가는 발자국을 남기고 있기 때문 일까. 백 대사는 흔히 '새길을 여는 사람'으로 통한다. 실제로 그 자신도 한 언론 인터뷰에서 이런 말을 남기기도 했다.

"여성 후배들을 위해 발자국을 깊고 또렷하게 남겨야 한다는 생각으로 일해 왔어요. 제가 남긴 발자국을 후배들이 따라오 면 길이 만들어지니까요."

백 대사는 1985년 여성이 '홍일점'으로 비유되던 시대에 외무부^{현 외교부}에 들어와 30여 년간 요직을 두루 거치며 두각을 나타냈다. 나도 외교부 재직 시절 백 대사와 세 차례 함께 근무한 적이 있는데, 그는 한마디로 "볼 때마다 나를 놀라게 한 후배"였다.

백 대사와 처음 함께 일한 것은 90년대 중후반 내가 외교부 통상기구과장을 맡고 있던 시절이었다. 당시 그는 중견 외교관으로 발돋움하고 있었는데, 헌신적이고 열정적인 모습이 인상 깊었다. 몇 해 뒤 내가 에스캅^{ESCAP: 아시아태평양경제사회위원회} 자문관으로 근무하던 시절, 주태국 대사관에서 1등 서기관으로 일하던 백 대사를 다시 곁에서 지켜볼 수 있었다. 대한민국을 대표하는 외교관으로서 누구 앞에서도 당당하고 누구보다 당찬 모습에 주위의 많은 외교관이 감탄하던 기억이 아직도 생생하다.

그로부터 10여 년 후 내가 제2차관으로 재직하던 시기에, 당시 국제기구국장을 맡고 있던 백 대사와 다시 호흡을 맞추게 되었다. 그 시절의 백 대사는 무슨 일이든 믿고 맡길 수 있는 '신뢰의 대명사'였다. 워낙 똑 부러지게 일을 잘해, 좀 애매하고 어려운 일들이 있으면 그에게 맡기곤 했는데 한마디 불평도 없이 훌륭한 결과물을 만들어 내곤 했다.

그런데 빼어난 업무 능력보다 정작 나를 더욱 매료시킨 것은 바로 그의 밝고 바른 마음가짐이었다. 백 대사는 남들이 고개를 갸우뚱할 때, 먼저 가능성을 향해 도전하는 적극적이고 긍정적인 사람이었다. 또 자존감을 지키면서 상대를 배려할 줄 아는 지혜로운 사람이기도 했다. 백지아 대사, 그는 늘 마음에 조국을 품고 사는 이른바 '뼛속까지 외교관'이다. 다른 한편으론 가족을 가슴에 품고 사는 따뜻한 아내이자 어머니이기도 하다. 여성에겐 척박한 근무 환경 속에서 일과 가정을 병행하며 그가 보여 준 지혜로운 행보는 수많은 후배 여성들에게 또 하나의 귀감이 될 듯하다. 국내 여성 외교관들과 외교관 지망생들 사이에서 선망의 롤모델로 떠오르고 있는 백지아 대사를 그가 외교부 기획조정실장으로 있을 때 외교부 사무실에서 만났다.

"외교관은 새로운 도전을 즐기는 사람"

대학 4학년 때 외무고시에 합격한 것으로 알고 있어요. 어린 시절부터 외교관을 꿈꾸며 준비한 건가요?

어렸을 때부터 '외교관이 되겠다.'는 구체적인 꿈을 가졌던 건 아니었어요. 다만, 선친께서 영어 교사이셔서 영어에 친근하게 접할 수 있는 가정환경에서 자랐죠. 어렸을 때부터 집에서 영어 회화나 노래를 늘 들었어요. 예전에는 지금처럼 영어 교육환경이 좋지는 않았잖아요. 그런데 영어를 자주 접하다 보니 남들보다 영어와 외국어에 더 흥미를 느꼈던 것 같아요. 자연스럽게 우리나라 밖의 세상에 대해서도 관심을 가지게 되었고요.

가훈이 '일신우일신 日新又日新'이었는데 선친께서는 늘 새로운

263

일에 도전하기 좋아하시고 정체되지 않는 삶을 사시려 노력하신 분이셨어요. 저도 아버님의 영향을 많이 받았던 것 같아요. 새로운 것, 새로운 도전, 새로운 경험 같은 걸 즐기고 좋아하니까요. 외교관이 여기에 딱 맞는 직업이 아닌가 싶어요.

이제 외교관의 길을 걸어온 지 30년이 넘었는데요, 어떻습니까? 외교관이 되길 잘했다고 생각하나요? 외교관으로서 가장 보람있던 순간은 언제였나요?

외교관으로 첫발을 내디딘 때부터 지금 이 순간까지 제가 외교관이라는 것이 정말 자랑스럽고 보람을 느끼고 있습니다. 국제회의와 협상의 무대에서 '국익'을 위해 최선을 다하는 일부터, 평상시 우리나라의 이미지를 높이기 위해 스스로 절제하고 품격을 지키는 일까지 대한민국의 대표가 되어 생각하고 행동하고 일하는 것은 정말 매력 있고 보람 있는 일인 것 같습니다.

외교관으로 뛰어온 지난 30여 년을 돌아보면, 순간순간 소중하지 않은 시간이 없었던 것 같아요. 그중에서 제 기억에 깊이 새겨져 있는 일 몇 가지만 말씀드릴까 해요. 외교부 인권사회과장을 맡고 있던 시기에 故 이종욱 박사님이 WHO _{세계보건기구} 사무총장직에 진출하셨는데 당시 담당과장으로서 저도 선거 지원 활동에 참여했습니다. 한국인 최초로 국제기구 수장이 탄생하는 모습을 지켜보면서 가슴이 벅차올랐죠. 주제네바 대표부 참사관 시절에는 민주주의 인권국가로서 우뚝 솟은 자랑스러운 한국의 위상을 체감하며 밤낮없이 인권

외교를 펼쳤던 일이 소중한 기억으로 남아 있어요. 또 반기문 사무총장께서 유엔을 이끈 시기에 외교부에서 유엔을 담당한 국제기구국장직을 수행하면서 더욱 보람을 느꼈고요.

특히 다자외교 무대에서 대한민국을 대표하는 일은 보람과 성취감이 남다른 것 같아요. 우리 정부대표단의 수석대표로 2012년 국제수로기구IHO 총회에 참석했을 땐 '동해'가 이미 국제적으로 널리 인정되는 이름임을 세계만방에 알리며 가슴이 뜨거워지는 경험을 했어요. 우리나라가 유엔 안전보장이사회 이사국을 수임한 기간2013~2014 동안 주유엔 차석대사로서 안전보장이사회에서 대한민국을 대표해 활동했을 때엔 무엇보다 뿌듯함이 컸고요.

<u>반대로 힘들었을 때도 많았을 것 같은데, 외교관으로 일하면서 어려웠던 점은 무엇이었나요?</u>

외교관이라는 직업의 어려운 점은 끊임없이 배우고 끈질기게 공부해야 한다는 점, 24시간 깨어 있어야 한다는 점이 아닐까 싶어요. 세계 곳곳에서, 또 여러 분야에서 쏟아지는 국제적 이슈와 추세를 외교관은 누구보다 앞서 파악해야 하는 책무가 있거든요. 또 이러한 모든 정보와 지식을 우리 국익의 관점에서 관찰하며 분석하고 평가해 내야 하지요. 외교관은 이러한 습관과 능력을 배양하기 위해 치열하게 자신을 단련하고 노력해야 하는 직업이라고 생각해요.

"외교관에게 최고 덕목은 '좋은 인성'"

기획조정실장으로서 외교부 인사운영에도 관여하고 있는데, '외교관이 갖추어야 할 필수적인 덕목과 역량'이 무엇이라고 생각하나요?

제가 가장 강조하고 싶은 점은 '인성'입니다. 외교 협상은 상대방에게 우리의 입장을 이해시키고 상대방의 입장을 이해하면서 양측 간 절충점과 합의점을 찾는 매우 정교한 과정이거든요. 상대를 감동시키는 진실성, 호감을 주는 인상, 긴 교섭 과정을 견딜 수 있는 인내심과 배포 등 여러 인성적 요소를 갖추어야 합니다.

아울러 외교관으로서 중요한 역량은 '소통능력'이지요. 전략적이고 논리적인 사고방식, 나의 입장을 상대에게 효과적으로 전달할 수 있는 표현력, 충분한 외국어 능력 등이 외교 무대에서 성공적으로 소통을 이뤄 내기 위한 필수 요소라고 생각해요.

외교관에게 외국어, 특히 영어는 기본 중의 기본이라고 할 수 있을 텐데, 외교관을 꿈꾸는 젊은이들이 영어공부를 할 때 어떠한 점에 중점을 두는 게 좋을까요? 정확성, 신뢰성, 격식 등을 요구하는 외교업무용 영어를 미리 익혀 둘 필요가 있을까요?

제가 어렸을 때와 비교하면 요즘은 영어를 배우기에 정말 좋은 환경인 것 같아요. 다양한 교재에 효과적인 학습 매체도 많으니까요. 그런데 제가 꼭 말씀드리고 싶은 것은 단순히 언어로서 영어를 공부하는 데 머물러서는 안 된다는 점이에요. 외교관에게 꼭 필요한 지식과 교양을 연계해서 영어 실력을 쌓아 가야 해요. 외교관을 꿈꾸는 젊은이들이라면 지구촌이 당면한 이슈와 이에 대한 국제적인 논쟁에 대해 늘 관심을 가지고 들여다보는 연습을 하는 게 필요해요. 영어방송을 시청하고 영문 잡지나 국제적인 학술지를 꾸준히 읽는 버릇을 들이는 게 좋겠지요. 외교가에서 쓰는 특별한 영어 어휘나 표현 방식 등은 외교관이 된 다음에 배워도 충분할 것 같아요.

"긍정 마인드가 고비를 이겨 내는 원동력"

최근 몇 년간 외교관후보자시험 합격생 중 여성 비율이 60%를 넘고 있는데요, 이러한 흐름이 이어진다면 미래의 한국 외교는 여성이 이끌어 간다고 해도 과언이 아닐 것 같아요. 외교관으로서 여성이 지니는 강점, 그리고 여성이기에 힘든 점은 무엇이라고 생각하나요? 이런 부분에 대해 외교관을 꿈꾸는 여성들도 많이 궁금해할 것 같은데, 이들 미래의 후배들에게도 조언을 한 말씀 해 주시지요.

사실 우리 외교부 실무직원들만 놓고 볼 때 여성 직원 비율이 이미 2/3에 달합니다. 외교관 활동을 하는 데 여성과 남성의 특별한 차이를 느낄 수 없는 시대가 왔다고 볼 수 있죠. 여성들이 일반적으로 가진 표현력, 친화력, 조직력, 치밀함 등의 장점들이 여성 외교관들에게도 강점이 될 수 있을 것으로 봅니다.

반면, 다른 전문직 여성들과 마찬가지로 여성 외교관들도 출산과 육아 및 가사, 그리고 본연의 업무 사이에서 큰 어려움을 겪고 있는 게 현실이에요. 특히 2년이나 3년에 한 번꼴로 국내와 해외에서 번갈아 근무해야 하는 여성 외교관들에게 일과 가정의 양립은 정말 큰 과제입니다. 제도적 지원도 받고 자신의 지혜도 충분히 발휘해야겠지만 무엇보다도 스스로 강해지도록 단련할 필요가 있어요.

제가 미래의 여성 외교관 후배들에게 드리고 싶은 조언은 "치열한 삶을 건강하게 잘 살아 낼 수 있도록 평소에 긍정적인 마인드, 인내심, 끈기, 강인한 체력을 키워 나가라"는 거예요. 그런 단련이 훗날 고비 때 그 무엇보다도 가장 든든한 힘이 될 테니까요.

"일과 가정 함께 지키려면 지혜와 집중 필요"

일과 가정을 병행하는 것은 정말 커다란 난제 중 하나인 것 같습니다. 실장님은 일과 가정의 양립 문제를 어떻게 풀어갔나요?

제 경우는 친정과 시댁 가족들의 손을 모두 빌렸습니다. 남편도 많이 도왔고요. 제가 아이를 키울 때는 지금처럼 육아휴직 제도가 없었고 일하는 엄마들을 위한 다양한 지원책이 없었기 때문에 전적으로 가족들의 도움으로 문제를 해결해야 했거든요. 어느 가정이나 마찬가지겠지만 여성이 자신의 경력을 쌓아 가면서 가정을 돌보기 위해선 가족들의 협조와 이해가 무엇보다 중요합니다. 가능한 범위에서 남편과 자녀들이

가사를 분담하면 엄마들이 힘을 얻고 가족 간 화목함도 더해지겠지요? (웃음)

아이를 키우던 당시 제 나름의 노하우라고 한다면 '집-사무실-아이의 학교' 간 동선을 최소화하는 것이었어요. 저는 국내에 있을 때나 해외에 있을 때나 집과 사무실, 아이의 학교를 잇는 삼각형의 크기를 가능한 한 작게 하려고 노력했어요. 아이가 초등학교 저학년일 때 가끔씩 점심시간에 학부모 급식당번을 했는데 사무실 가까이 학교가 있었던 게 큰 도움이 되었어요. 일과 가정의 양립을 위한 작은 지혜라고나 할까요. 무엇보다도 시간을 잘 쪼개어 효율적으로 사용하는 것이 매우 중요하다고 생각해요. 일할 때는 일에 집중하고 가족과 함께할 때는 가족에게 집중하면서 자신이 가진 시간을 최대한 효율적으로 사용할 수 있으면 일과 가정 두 마리 토끼를 다 잡을 수 있지 않을까 싶네요.

외교현장에서 수많은 외교관과 국제기구 리더들을 만났을 텐데, 그중에서 롤모델로 삼았던 분이 계셨나요?

제가 30여 년간 외교관 생활을 하면서 만났던 각국의 모든 여성 외교관들이 저에게는 일종의 멘토였다고 생각합니다. 제가 외교관 생활을 시작했을 때는 여성 선배들이 별로 없었어요. 대신 업무상 만나는 다른 나라 여성 외교관들의 행동양식이라든가 그들이 일과 가정을 양립해 나가는 모습과 경험담이 저에게 많은 도움이 되었죠. 중견 외교관 시절에는 다른 나라의 여성 대사들이나 국제기구의 여성 수장들에게서 리더로서 배울 점과 지향할 점을 찾았고요. 주유엔 대표부 차석대사 시절 유엔사무국의 여성 고위직 인사, 여성 대사들과 교류하면서 여성 외교관으로서 서로 진한 공감과 연대감을 느끼기도 했죠.

"국제기구 일하려면 확고한 신념 지녀야"

<u>최고의 다자외교의 장인 유엔의 차석대사와 외교부 국제기구국장을 지냈는데, 국제기구 직원에게 꼭 필요한 덕목과 역량은 무엇이라고 생각하나요? 국제기구 진출을 위한 전략 등 국제기구 지망생들을 위한 조언도 부탁드려요.</u>

국제기구는 국제사회 공동의 문제에 대응하고 국제사회 전체의 이익을 위해 국제협력을 도모하는 것을 목적으로 합니다. 국제기구 직원은 자신의 국가만이 아니라 전 세계와 인류를 위하는 일에 큰 보람을 느낄 수 있는 직업이죠.

따라서 국제기구에서 근무하려면 무엇보다도 자기 일에 대한 확고한 의지와 신념을 지녀야 한다고 생각해요. 가족과 떨어져 지내야 하는 상황, 오지 근무 등 어려운 여건을 견뎌내기 위해서는 국제사회에 이바지하고자 하는 강한 열정과 봉사 정신으로 무장돼 있어야 하거든요.

대개 국제기구 직원은 업무량도 많고 출장도 잦은 편이라 강행군을 소화해 낼 만한 몸과 마음의 건강도 중요해요. 그리고 다양한 국적과 문화를 가진 사람들과 함께 일하는 만큼, 서로 이해하고 존중하며 협력할 수 있는 '열린 사고'가 반드시 필요하고요.

또 국제기구에서 일하려면 기본적으로 관련 분야의 전문 지식 및 경력, 어학 능력을 갖춰야 해요. 유엔 사무국의 전문직 직원 대부분이 석사 이상 학위를 소지한 점을 고려할 때 국제기구에서 일하고자 한다면 일정 수준 이상의 학위와 전문 지식이 필요하다고 봐요. 또 해당 직무와 관련된 경험이나 경력이 국제기구 채용에 유리하게 작용하므로, 미리 관련 분야의 업무 또는 인턴십 봉사 활동 등 경험을 쌓는 것이 큰 도움이 되죠. 어학 능력은 국제기구 진출을 위한 가장 기본적인 요건이라고 할 수 있는데, 유엔 기구에서는 영어에 더하여 여타 유엔 공용어를 구사할 수 있으면 채용 때 유리하게 작용할 수 있어요.

국제기구에서 여성 직원들의 활약이 큰데요, 구체적으로 유엔의 경우엔 어떤가요?

2015년 6월 기준으로 유엔사무의 P급_{전문직원} 이상 직원 중 여성은 약 4,900명으로, 40%가량에 달해요. 실무급인 P2급의 경우, 여성 직원의 수가 오히려 남성 직원을 앞지르고 있죠. 이렇게 여성의 유엔 진출이 점차 활발해지고 있지만, 사무 차장 및 사무 차장보 등 최고위급에서는 여전히 남성이 3/4 이상을 차지하는 게 현실이에요. 다만, 현재 입후보한 차기 유엔 사무총장 후보 9명 중 4명이 여성인 점은 매우 고무적이지요. 이들 중에는 현 UNDP_{유엔개발계획} 총재인 헬렌 클락_{뉴질랜드}과

UNESCO 유네스코 사무총장 이리나 보코바불가리아도 포함돼 있어, 국제기구 내에서 여성 리더들의 활약이 점차 증대되고 있음을 보여주고 있습니다.

끝으로 외교관이 되고 싶은 젊은 후배들에게 꼭 전하고자 하는 조언이 있다면?

"꿈을 크게 가지고 열정적으로 도전하라!"고 얘기해 주고 싶어요. 지구촌에서 나라와 나라, 나라와 국제기구, 사람과 사람의 교류와 협력이 더욱더 활발해짐에 따라 외교의 지평도 무한대로 넓어지고 있어요. 외교관으로서 할 수 있는 일도 그만큼 다양해지고 있다는 의미죠. 각자 관심을 가지고 있는 분야에서 매 순간 헛되이 보내지 않고 꾸준히 성장해 나가면 '지구촌의 리더로 부상하고 있는 자랑스러운 대한민국'의 외교관으로 활약할 수 있는 기회가 반드시 올 겁니다. 여러분들을 응원합니다. 파이팅!

3

한국인의 마음을 움직인 벽안의 외교관, 스티븐스 전 주한 미국 대사

우리나라를 다녀간 많은 외교 사절 중 캐슬린 스티븐스Kathleen Stephens 전 대사만큼 우리 국민에게 친숙한 외교관은 없을 것이다. 그는 2008년부터 2011년까지 3년 동안 주한 미국 대사를 지냈다. 한국정부 수립 이후 한국에 부임한 21명의 미국 대사 가운데 최초의 여성이자 한국어를 구사할 줄 아는 최초의 대사이기도 했다.

'심은경'이라 불린 사람

그가 한국과 처음 인연을 맺은 것은 1975년 평화봉사단Peace Corps 의 일원으로 충남 예산군 예산중학교에서 영어를 가르칠 때였다. 대학을 갓 졸업하고 선택한 곳이 바로 한국이었다. 동료 교사들은 그에게 '심은경'이라는 한국 이름을 지어 주었다.

그는 평화봉사단원으로 한국에서 일하는 동안 주한 미국 대사관에서 치른 외교관 시험에 합격해 이듬해 외교관 생활을 시작했다. 인생의 항로가 한국에서 결정된 것이다. 7년 뒤에는 한국에 돌아와 대사관 정무팀장과 영사관 선임영사로 일했다. 그리고 평화봉사단원으로 한국에 첫발을 디딘 지 33년 만에 특명전권대사의 신분으로 다시 한국 땅을 밟았다. 그가 외교관 생활을 시작하고 마무리한 곳이 한국이니 한국에 대한 그의 애정이 얼마나 큰지 미루어 짐작할 수 있을 것이다. 미국의 외교관이 한국에서 세 번이나 근무한 것 자체가 이례적인 일이었다.

한국에 대한 그의 사랑은 남다른 것이었다. 그는 대사관저에서 한국의 토종견인 삽살개를 키웠고, TV 프로에 나와서는 김소월의 시 '못 잊어'를 낭독하기도 했다. 김치 담그는 법도 배웠다. 김치를 담글 줄 안다면 한국을 제대로 이해할 수 있으리라는 생각에서였다. 한국을 떠나 유럽에서 외교관으로 지내던 시절엔 조수미 씨의 콘서트에서 '그리운 금강산'을 듣고 눈물을 흘리기도 했다. 이러한 그의 한국 사랑에 화답이라도 하듯, 많은 한국 사람들이 그를 환대하고 아꼈다.

소통하는 외교관의 모범

그가 대사로 활동하는 동안 나는 외교통상부 제2차관으로서 그가 어떻게 한국민들과 소통하는지 보았다. 평생 외교관으로 일한 나도 스티븐스 전 대사가 한국에서 보여 준 직업의식과 열정에 감탄하곤 했다. 그는 외교관이 주재국에서 무엇을 어떻게 해야 하는지를 보여 준 외교관의 전형典型이었다.

우리나라에 주재한 많은 외교관 중 그가 특별히 우리 국민들의 사랑을 많이 받은 이유는 무엇일까. 아마도 스티븐스만큼 진심으로 그리고 정성을 다해 소통한 사람이 없었기 때문일 것이다. 외교의 궁극적인 대상은 외교관이 주재하는 국가의 국민이다. 스티븐스의 소통방식은 다른 외교관들과 처음부터 달랐다. 그는 한국에 부임하자마자 '심은경의 한국 이야기'라는 이름으로 자신의 블로그를 만들어 글을 올리기 시작했다. 그가 이임할 때까지 올린 글은 137회에 이른다. 짧은 글이 아니라 원고지 여러 장 분량의 글도 수두룩했다. 게다가 사람들이 올린 댓글에 일일이 답글을 썼다. 해외출장으로 자리를 비운 시간을 감안하면 최소한 일주일에 한두 번은 글을 쓴 셈이다. 이렇게 올린 글이 A4 용지로 175쪽이 넘는 분량이었다. 여간 부지런하지 않으면 엄두를 내기도 어려운 일이었다.

외교관이 수많은 사람들에게 노출된 인터넷 공간에 자신의 생각을 글로 올리는 것은 결코 쉽지 않은 일이다. 더구나 미국 대사라는 신분을 감안하면 언제 어디에서 누구와 만나 무슨 이야기를 나누고 무엇을 했는지 밝히는 것 자체가 파격이었다. 그럼에도 스티븐스가 용기 있게 자신의 언행을 공개한 것은, 블로그를 통해 한국 국민과 대화를 나눈다고 여겼기 때문이다. 훗날 그는 블로그에 담은 글들을 정리해 '내 이름은 심은경입니다'라는 제목의 책을 내기도 했다. 이 책에는 그가 한국에서 살면서 보고 느끼고 생각한 모든 것이 고스란히 담겨 있다.

그의 소통 공간은 온라인에만 국한된 게 아니었다. 어려서부터 자전거를 즐겨 탔던 스티븐스는 틈날 때마다 자전거로 전국을 누비면서 사람들과 만났다. 한국에서 10년 남짓 사는 동안 그의 발길이 안 닿은 곳이 거의 없었다. 2011년에는 평창 동계올림픽 유치를 축하하기 위해 서울에서 전남 진도까지 700여 km를 90일 동안 달렸고, 2012년 6월에는 양평에서 부

산까지 4박 5일 동안 자전거길 국토 종주 633km를 완주했다. 그는 퇴임할 때 자신이 탔던 자전거를 대한사이클연맹에 기증했다.

주말에도 사람들과 어울려 테니스를 쳤다. 내 주위에도 스티븐스 전 대사와 테니스를 함께 친 사람들이 적지 않다. 대사로서 그는 대통령과 장관, 정부 고위관리만 만난 게 아니었다. 농부와 시민들, 학자와 학생들을 만나 어울렸다. 정치인과 재야인사도 만났다. 심지어 미국에 비판적인 성향의 인사들까지 만찬에 초대해 그들의 말에 귀를 기울였다. 스티븐스 전 대사를 만난 사람들은 한결같이 "무척 소탈하고 친근한 모습이 매우 인상적이었다. 격의 없이 적극적으로 대화하고 소통하려는 마음이 읽혀졌다."라고 말한다. 한 나라를 대표하는 대사라는 직위에도 불구하고 그는 늘 자신을 낮추고 먼저 상대방의 말을 들으려고 했다. 경청과 소통은 그가 외교관으로서 지닌 최고의 미덕이었다.

사람에 대한 따뜻한 관심

스티븐스의 어릴 적 꿈은 무엇이었을까. 그는 자신의 저서에서 "유년 시절 주말이면 시내에 있는 도서관에서 빌려온 책을 읽으며 내가 알고 있는 세상 너머에 있는 사람들을 만나고 미지의 세계를 찾아 여행을 떠나곤 했다."고 적고 있다. 그가 평화봉사단의 일원으로 한국을 찾은 것도, 외교관의 길을 택한 것도 유년 시절의 꿈과 무관하지 않을 것이다.

어찌 보면 사람에 대한 따뜻한 관심과 새로운 세상에 대한 호기심은 외교관으로서 좋은 덕목이라고 할 수 있을 것 같다. 사람을 움직이는 외교야말로 공공외교의 진수이기 때문이다. 한국을 이해하고 한국인에게 다가서려 노력했던 스티븐스, 그는 한국인을 움직인 파란 눈의 대사로 한·미 외교사에 오래도록 기록될 것이다. '소통하고, 소통하고, 또 소통하라.' 그가 미래의 외교관들에게 던지는 메시지는 바로 그것이다.

4

"나는 이렇게 외교관이 되었다"

– 꿈을 이룬 새내기 외교관 4인의 돌직구 좌담

∧ 2011년 외교부 신입직원 임용장 수여식

외교관을 지망하는 청소년들이 가장 만나고 싶은 사람은 누구일까? 아마도 후보자 선발시험에 합격해 현재 외교관으로 활동 중인 '선배'들이 아닐까 싶다. '왜 외교관이 되려 했는지', '시험공부는 어떻게 했는지', '외국어 학습 노하우는 무엇인지' 묻고 싶은 것도, 듣고 싶은 것도 많을 듯하다.

그런 외교관 지망생의 호기심을 풀어주기 위해 새내기 외교관 4명을 만나 생생한 경험담을 들어 보았다. 이들 4명은 외교관후보자 선발시험이 도입된 뒤 처음으로 험난한 관문을 통과해 외교부에 입성한 주인공이기도 하다. 과연 그들의 수험생, 후보자 시절은 어떠했을까. 그리고 그들이 외교 꿈나무들에게 들려주고픈 이야기는 무엇일까. 궁금증을 잔뜩 안고 외교부 인근 한국식당에서 얼굴을 마주했다.

좌담이 진행된 시기는 2016년 4월 어느 날, 새내기 4인방이 초년 외교관으로 정신 없는 나날을 보내고 있을 때였다. 바쁜 가운데서도 후배들을 위해 기꺼이 시간을 내준 그들에게 지면을 빌려 고마운 마음을 전한다. 이 글에서는 실명을 밝히지 않고 익명으로 처리했음을 밝혀 둔다.

왜 외교관이 되었나

중·고등학생과 대학생을 대상으로 글로벌 리더를 주제로 특강을 많이 하는데 학생들이 외교관과 국제기구 진출에 아주 관심이 많아요. 세계로 향한 꿈을 이루려는 이들에게 외교관 시험에 합격한 선배들의 생생한 경험담이야말로 가장 듣고 싶은 이야기겠죠. 첫 번째 질문은, 왜 외교관이 되고 싶었나 하는 거예요. 어렸을 때부터 꿈이었나요? 어떤 점이 매력이라고 생각했나요?

남1 어렸을 때 학교에서 '장래 희망'을 조사할 때 외교관을 적곤 했지만, 그렇게 집중해서 노력하지는 않았어요. 어린 시절 아버지 직업 때문에 영국에서 몇 년간 생활한 경험이 있었고 영어에 대한 흥미와 소질도 있다 보니 막연하게 '외교관이 되면 어떨까?' 생각했었죠. 아버지가 공무원이신 점도 영향이 있었고요.

무엇을 직업으로 할지 이런저런 고민을 하다가 본격적으로 외교관에 도전하자고 결심했던 건 군에서 제대할 때쯤이었어요. '내가 살면서 사회에 좋은 일을 할 수 있는 게 뭐가 있을까?'라는 고민을 군대에서 진지하게 했거든요. 특히 우리나라 근현대사 책을 읽을 때 상당히 마음이 울컥하는 게 있었어요. '외교가 참 중요하구나!'라는 생각을 하게 됐고 내가 사랑하는 국가에 도움이 되고 기여할 수 있는 일을 찾다 보니 외교관이 되겠다는 결심을 하게 되었죠.

사람은 누구나 한평생 사는 시간이 주어지는데 외교관은 직간접적으로 경험의 양을 극대화 시킬 수 있는 직업이 아닐까 하는 생각을 하고 있습니다. 일하면서 다양한 배경과 생각을 가진 사람을 많이 만날 수 있을 테고, 단순히 외국으로 여행을 가는 게 아니라 직접 살면서 부딪히면서 배울 수 있는 점이 많은 것 같습니다.

<u>나도 그렇게 생각해요. 누구는 나더러 역마살이 끼었다고 하기도 하지만 외교관은 성격이 적극적이고 도전정신을 가진 사람에게는 잘 맞는 직업이라는 생각이 들어요.</u>

"분단 역사 마주하고 꿈 싹터"

여1 아주 어렸을 때는 외교관이라는 직업에 관심이 없었어요. 고등학교에 들어가서야 '외교관이 되면 어떨까' 하는 그림을 머릿속에 그리기 시작했어요. 외국어고등학교에서 독일어를 전공했는데 외고에서는 독일어뿐만 아니라 독일의 역사와 문화에 대해서도 공부하거든요. 그때 분단 문제에 관심이 생기더라고요. 독일의 분단 역사를 한국의 역사와 함께 공부하다 보니 '우리나라 분단 문제에 있어 외교가 어떠한 역할을 해야 하나' 또 '어떻게 하면 우리나라가 모든 사람이 꿈꾸는 나라로 발전할 수 있을까' 하는 고민을 진지하게 해보게 되었어요. 그러다 보니 자연스럽게 외교관이 돼야겠다는 마음을 먹게 되었고요.

그리고 외교관이 된 후 1년간 일하면서 외교관이라는 직업이 이것저것 많이 공부할 수 있는 직업이라는 걸 확실히 느꼈어요. 여러 다양한 분야의 정보를 접하고 또 연구해야 하는 직업이라는 걸 다시금 깨닫게 되었지요. 자료를 단순히 읽고 넘기는 게 아니라 어떻게 하는 것이 우리나라에 맞는 건지 항상 고민하는 직업이다 보니 그런 과정에 대해서도 흥미를 느끼게 되었죠. 또 다양한 사람들을 만날 수 있다는 매력도 크고요.

<u>통일 문제에 관심이 많았군요. 우리나라의 미래를 생각하면 앞으로 통일외교가 매우 중요하다고 봐요. 고등학교 때 그런 고민을 시작한 특별한 계기가 있었나요?</u>

여1　당시 판문점에 갔는데 깊은 인상을 받았습니다. 판문점 안에 들어가서 그 길로는 다시 돌아 나오지 못하잖아요. 분기선이라서. 그때 우리나라가 남북으로 분단되어 있다는 걸 실감했어요. 당시 고등학생이던 저에겐 큰 충격이었어요. 분단 현실을 극복하고 싶다는 생각이 강하게 들더라고요. 이후 대학교 재학 때도 탈북청소년들 대상 멘토링 프로그램에 참여하면서 분단으로 인한 고통이 얼마나 큰지 체감할 수 있었고 통일 문제에 관심을 갖게 되었습니다. 1년간 베를린에 교환학생으로 가서 독일의 과거 분단 현장을 보고 배운 것도 영향이 있었고요.

<u>외교관은 은퇴할 때까지 쉼 없이 공부해야 한다는 것도 직업으로서 매력적인 점이에요. 외교관처럼 여러 분야를 다양하고 깊이 있게 공부해야 하는 직업이 많지 않을 겁니다.</u>

남2　제가 외교관이 되고 싶었던 이유는 정말 단순해요. 멋있어 보였습니다. 사실 대학을 졸업할 때까지만 해도 외교관에 대해 관심이 없었어요. 그런데 졸업 후 전방부대에서 지휘관의 참모로 복무를 하게 됐습니다. 제가 모신 지휘관이 국가를 위해 힘든 일을 마다하지 않고 열심히 하는 모습을 보면서 '사람이 정말 멋있구나!'라는 생각을 새삼 하게 됐어요. 국가를 위해 대가를 바라지 않고 노력하는 모습이 저에게 정말 크게 다가왔어요. 그래서 '나도 저렇게 되고 싶다.'는 생각을 했고, 국가를 위해 일하는 공무원에 매력을 느끼게 되었죠. 공무원 중에서도 다른 행정부처 직원은 국가 안의 주어진 환경에서 일을 하지만 외교관의 일은 확장 기회가 클 거란 생각이

들었습니다. 다른 나라와의 교섭을 통해 우리가 가진 파이 자체를 더 크게 할 가능성이 있을 것 같아 재미있겠다는 생각을 했어요. 그래서 전역 후 바로 외교관후보자 시험을 준비했습니다.

여2　저도 앞에 말씀하신 분들처럼 외교관이라는 직업을 처음부터 생각하고 준비했던 것은 아니었습니다. 대학 시절에 여러분들로부터 외교관이 좋은 직업이라는 말씀을 참 많이 들었어요. 첫 번째는 계속 공부할 수 있는 점, 두 번째는 많은 사람들을 만나 배울 수 있다는 점에서요. 누구를 만나더라도 그 나라에 대해 공부해야 하고 또 만나는 사람들을 통해 많이 배울 수 있는 점이 매력적이라고 생각했어요. 외국인을 만나고 다른 문화를 접할 기회는 외교관이 아니어도 많지만 외교적 비전과 방향, 그리고 특유의 사명감은 외교관만이 가질 수 있는 거잖아요. 그런 점이 좋아서 이 직업을 선택했습니다.

외교관 시험의 '추억'

외교관이라는 목표를 세우고 시험을 준비하는 데 어떤 어려움이 있었나요?

여2　외교관이라는 직업에 처음 관심을 가지게 된 게 대학 때이다 보니 시험을 좀 급하게 준비한 편이었습니다. 그런데 주위에 외교관 시험을 준비하는 사람들을 보면 어학이나 국제 정세에 관심도 높고 지식도 많이 있는 듯하더라고요. 또 외교관 경력이 있는 교수님들도 나름의 식견과 비전이 확실하신 것 같았고요. 그걸 보면서 '내가 감히 도전해도 되나? 내가 할 수 있을까?'라는 부담감과 걱정이 있었지만 정말 하고 싶었던 일이기에 일단 도전했습니다.

외교관이 되기 위해 시험에 합격하는 것도 어려운 일이었지만 사실 저에겐 외교관이라는 직업 자체에 대한 중압감이 큰 것 같습니다. 국가공무원은 결정 하나하나가 국민에게 직접적인 영향을 주게 되고, 특히 외교관은 그 영향이 다른 나라와의 관계에까지 미치게 되잖아요. 정말 책임감과 사명감이 많이 요구되는 직업인 것 같습니다.

여러 경험을 쌓다 보면 자기도 모르는 사이에 역량이 길러져요. 어려움이나 도전을 극복하는 힘이 생기는 거죠. 저도 전혀 예기치 못한 도전을 받을 때가 많았는데 그런 일을 겪고 나면 어떤 상황이든지 극복할 수 있는 강한 의지, 지혜, 용기 같은 것이 우러나오는 것 같아요. 워낙 책임의식을 많이 가져야 하는 직업이라 중압감을 느낄 수 있는데, 어느 정도 지나면 여유도 생기고 역량도 쌓일 겁니다. 시험을 준비할 때 힘들었지요?

남1   저는 학창 시절 외국에서 몇 년을 보내고 국내 학교에 학년을 낮춰 들어왔어요. 또, 재수해서 대학에 들어갔으니 남들보다 2년이 늦어졌죠. 당시는 그렇게 늦은 게 아니라고 생각했는데 군대에서 2년을 보내고 복학하니 또래 친구들이 취업했거나 준비하는 과정에 있더라고요. 그때부터 조급한 마음이 들기 시작했어요. 기약 없는 시험을 준비하다 잘못하면 남들에 비해 너무 뒤처지게 되지 않을까 걱정이 밀려오더라고요. 지금 돌이켜 보면 그렇게 불안해하지 않아도 됐었는데 말이죠. 사람이 불확실한 상황에 놓이게 되면 예민해지게 마련인 것 같아요.

또 실제 시험 준비를 할 때는 열심히 몰입해서 공부하다가도 기계가 아닌 사람이다 보니 어느 순간 에너지가 소진될 때가 있었던 것 같아요. 의지를 불살라 초인처럼 밤을 새워 공부하다가도 갑자기 불안감이 엄습해 올 때가 있었어요. 그렇게 감정이 오르내리는 사이클이 준비 기간 내내 반복됐던 거 같아요. 그런 불안감과 소외감 등 자신의 마음을 잘 관리하는 게 정말 중요한 것 같습니다.

여1 저의 경우 공부할 때 정말 제일 힘든 건 단절, 즉 고립감이었던 것 같아요. 가족, 친구들과도 잘 못 만나니까 사회로부터 떨어져 외딴 섬에 있다는 느낌을 많이 받았죠. 외로움에서 오는 스트레스가 있었던 것 같습니다.

남2 저는 좀 개인적인 얘기이기는 합니다만, 제가 하고 싶은 것을 다 하면서 시험 준비를 하기 힘들 것 같더라고요. 그래서 고민 끝에 좋아하는 사람과 이별을 선택하게 됐죠. (웃음) 그때는 정말 많이 힘들었는데, 자신에게 소중한 것을 포기하고 나니 수험준비 기간 내내 독한 마음이 생기더라고요. 뭐, 다 그렇게 해야 성공하는 것은 아니지만 제 경우에는 공부를 무섭게 하게 된 계기가 됐던 것 같아요.

외교관, 무엇을 어떻게 준비해야 하나

포털 사이트를 보면 외교관 지망생들이 가장 궁금해하는 사항이 '외교관이 되기 위해 무엇을 어떻게 준비해야 하느냐'는 건데요. 평소 무엇을 준비하는 게 도움이 될까요? 또 시험 준비는 어떻게 하셨나요?

여2 당연한 얘기로 들리겠지만 무엇보다 중요한 게 기초체력을 쌓는 일이에요. 공부하려면 체력이 뒷받침돼야 하거든요. 계속 앉아서 공부해야 하고 또 정신적인 중압감도 크기 때문에 버텨 낼 수 있는 체력이 필요해요. 여러 가지 다양한 세상을 경험하고 체력을 기르는 건 시험 준비에 앞서 해 두면 좋을 것 같아요.

그리고 본격적으로 시험 준비에 들어섰을 때 제게 도움이 됐던 것은 '신문 읽기'입니다. 특히 다양한 종류의 외국 신문을 보는 겁니다. 처음에는 어렵지만 읽다 보면 어느 순간 익숙해지면서 세상이 어떻게 돌아가는지 알게 되죠. 같은 주제에 대해 나라마다 또 매체마다 시각과 어조가 다른 것을 확인하는 게 매우 흥미로웠어요. 그러면서 국제 정세에 대해 나름대로 지식과 시각을 형성하게 되는 것 같아요. 시험에 큰 도움이 됐습니다.

시험을 봐야겠다는 마음을 먹고 나서는 학원 수업을 집중적으로 들었습니다. 국제법 같은 분야가 저에겐 생소했거든요. 학교에서 관련된 수업을 열심히 듣는 것이 가장 좋다고 생각하지만 여의치 않을 때는 학원 수강을 하는 것도 괜찮다고 봅니다.

여1 어떤 공부든 맥락을 이해하는 게 매우 중요하잖아요. 어떤 배경과 맥락에서 어떤 이론과 결과가 나오는지 알아야 그 내용을 소화할 수 있게 되는데, 저는 특히 역사적 사건의 맥락을 파악하는 데 어려움을 느꼈습니다. 과거에 어떤 사건이 있었고 왜 생겼고 또 지금 어떤 영향을 주는지 이해하는 것이 외교관 시험을 준비하는 데 매우 필요한 거 같아요. 대학의 역사 강의가 도움이 많이 되었지만 '어렸을 때부터 차근차근 역사 관련 서적을 봤으면 더 도움이 됐을 텐데.' 하는 생각이 들더라고요.

선발시험, 그 험난한 관문을 통과하려면

외교관이 되려면 '외교관후보자 선발시험'이라는 험난한 관문을 통과해야 하는데요. 엄청난 경쟁률을 뚫어야 함은 물론, 3차례에 걸친 복잡한 전형을 통과해야 하는 아주 어려운 과정으로 알고 있습니다. 자신이 준비했던 외교관후보생 합격 전략을 좀 상세히 듣고 싶어요. 시험을 준비하는 사람들에게는 더없이 중요한 조언일 것입니다. 특히 전략과 노하우가 필요한 2차 시험과 3차 시험에 대해 집중적으로 말씀해주세요. 2차 시험인 학제통합논술시험을 어떤 방향으로 준비하고 작성했는지, 그리고 마지막 단계인 3차 면접(영어토론 면접*, 개인발표, 개별면접)을 어떻게 준비하고 실제 면접에서 어떻게 대응했는지 궁금합니다.

＊ 좌담이 진행된 후에, 외교관후보자 선발시험 제3차 시험, 면접 전형에서 영어토론 면접은 '집단심화토의 면접'으로 다소 내용이 바뀌었다.

여1　저는 1차 시험이 가장 힘들었어요. 2차 시험은 오랜 기간 공을 들이면 들이는 만큼 결과가 나오는데 1차는 공들인 것에 비례하지 않는 듯해 좌절감이 생기더라고요. 또 시험 당일 자신의 컨디션과 집중력에 따라 시험 점수의 편차가 커지더군요. 1차 시험은 공부해야 하는 내용도 내용이지만 자신을 조절하고 통제하는 능력이 필요한 것 같습니다. 주어진 짧은 시간 안에 내가 풀 수 있는 문제에 집중하고 그렇지 않으면 과감히 포기할 수 있는 판단력이 필요하죠.

제가 외교관후보자 선발 제도가 도입된 후 처음 시험을 치러서 2차 시험에 대한 참고자료나 예상문제집이 없었어요. 나름대로 전략을 수립하여 준비해야 했죠. 학제통합논술시험에 있어서는 제가 잘 알고 있는 과목과 생소한 과목으로 분리한 후, 아는 것을 중심에 두고 어떻게 연결할지를 생각해 보았습니다. 경제학 이론 서적을 보면서 국제정치학 관점에서 어떻게 볼 수 있을까, 국제법으로 풀면 어떻게 될까 고민을 하고, 또 다른 과목 서적을 보면서 여러 시각을 적용해 보면서요. 이러한 시뮬레이션을 많이 했습니다. 출제 문제들이 당시 이슈와 같이 상식적인 수준에서 충분히 예측 가능한 것들이었어요.

3차 영어토론과 면접 준비는 신문에서 예상문제를 뽑았어요. 특히 영어토론은 이슈와 관련한 용어를 살펴 가면서 키워드 중심으로, 같은 시험을 공부하는 동료들과 함께 준비했어요.

I am a diplomat

288

또 주어진 주제에 대한 개인발표 준비로는 프레젠테이션 연습을 개별적으로 했고요.

남1 1차 시험을 볼 때는 시험 상황과 비슷한 환경에서 공부하는 것이 매우 중요한 것 같아요. 주어진 시간 안에 실전과 같은 문제 분량을 다 풀어 보는 연습이 필요해요. 실전에서 자신의 생각과 다르게 전개되면 당황할 수 있거든요. 사실 실전에서는 실력과 함께 상황 판단력도 크게 요구돼요. 또 시험 볼 때 시간이 흐르면서 점차 집중력이 떨어지는 점도 감안해야 하고요. 학제통합논술시험은 목차를 정리하고 떠오르는 생각을 그때그때 포스트잇을 붙여 가며 공부했어요.

면접은 2차 합격한 친구들과 그룹을 짜서 모의 연습을 했습니다. 특히 영어토론에서 쓰는 영어는 일상생활의 영어와는 다르게 형식을 갖춰야 하기 때문에 참고할 수 있는 자료를 유튜브에서 찾아 준비했어요. 유명한 사람들의 국제회의 스피치 장면을 보면서 형식에 맞는 용어와 문장을 익히고 따라 하는 연습을 했지요. 10~20개 영상을 반복해 보면서 익혔습니다.

"진도 맞추기보다는 이해에 초점 둬"

남2 2차 학제통합논술시험은 저희 기수가 처음 보는 거라 참고자료가 없었습니다. 그래서 시험을 잘 보려면 자신이 모든 과목을 체계적으로 이해하는 방법밖에 없겠다는 생각이 들었어요. 대개 시험공부를 선생님이나 스터디 학생들과 함께 하며 진도를 정해 따라가는 경향이 있잖아요. 그런데 저는 그 진도에 얽매이지 않고 시간이 많이 걸리더라도 '내가 확실히 이해를 하고 다음 단계로 넘어가자'는 마음을 먹고 공부를 했습니다. 모르는 것은 이해할 때까지 꼼꼼하게 다 파악하고 넘어가다 보니 주위 친구들에 비해 절반 정도 속도가 뒤처질 때도 있었어요. 그런데 결과적으로 보면 그런 방법이 많은 도움이 되었고 또 그 이후로 자신감이 많이 붙었습니다. 저는 특별히 시뮬레이션을 할 시간은 없었는데 다만 각 과목을 체계적으로 이해하는 과정을 거쳤기 때문에 유형이 바뀌더라도 뭘 묻는지 알 수 있겠다는 자신감은 있었습니다.

하지만 3차 면접의 경우엔 상황이 달랐습니다. 저는 교환학생 경력도, 외국을 가 본 경험도 없는 완전 한국 토종입니다. 영어로 토론한다니까 스트레스와 두려움이 앞서더라고요. 우선 인터넷으로 합격자 수기를 찾아봤죠. 저와 비슷한 분이 올린 성공 사례를 발견하고는 정말 기뻤습니다. 어떻게 했나 보니 영어토론에서 쓰는 용어를 혼자 공부하기 힘드니까 영어 주제로 토론을 하는 학원 수업을 들었더라고요. 그 학원을 수소문해 찾아가 보니 저와 같은 2차 합격자들이 많았습니다. 공부도 공부지만 심리적인 위안을 얻었다고나 할까요. 그것과 별도로 2차 합격생들과 하는 스터디를 계속했습니다.

<u>공감되네요. 나는 전에 수학을 잘 못 했는데, 이해가 안 될 때 대충 넘어가지 말고 집요하게 해서 철저히 파악했으면 자신감이 붙었을 텐데 그게 부족했던 거 같아요. (웃음)</u>

여2　제 경우는 2차 시험인 학제통합논술을 따로 준비하지는 않았습니다. 왜냐하면 경제학, 국제정치학, 국제법 등 기본 과목만 잘 알고 있으면 따로 공부할 필요가 없지 않을까 생각했죠. 그렇지만 신문을 보면서 특정 이슈에 대해 여러 각도로 사고해 보는 훈련은 했어요. 해당 이슈에 대해 국가 간 협력을 어떻게 할까, 경제에는 어떠한 영향을 미칠까 등 여러 방향으로 생각해 보는 거죠. 평소 신문을 보고 이슈 공부를 많이 하면 두려워하지 않고 잘 풀 수 있을 거라 생각해요. 이미 기본 과목을 공부하면서 이슈를 다뤘을 텐데 거기에 신문에서 나온 내용을 함께 연결해 보는 거죠.

3차 면접의 경우 굉장히 두려움을 가졌어요. 저도 연수도 유학도 간 적 없는 토종이거든요. 그렇지만 학교 수업이 영어로 진행되기도 하고 영어공부를 위한 자료와 기회가 이미 한국에도 넘쳐나기 때문에 여러 방법으로 영어를 익히게 되었죠. 사실 언어는 자기가 뭘 말하고 싶은지 아는 게 제일 중요하다고 생각해요. 그걸 외국어로 표현하기 위해 공부한다고 생각하면 좋을 거 같아요. 특히 영어토론시험 준비를 위해서는 유튜브에 올라온 학자들의 영어찬반토론 동영상을 많이 찾아보았습니다. 토론만 전문적으로 올리는 사이트들도 있거든요. 또 2차 합격생들과 두려움을 나눠 가며 함께 공부했던 것도 작은 위안이 된 것 같아요.

영어와 제2외국어를 공부하는 노하우

<u>외교는 외국어로 정확하고 격식 있고 능숙하게 현안을 처리해야
하는 일이기 때문에 영어와 제2외국어 역량이 상당히 중요한데
요. 영어와 제2외국어를 공부하는 별도의 노하우가 있었나요?
구체적인 팁을 주실 수 있을까요?</u>

여1　저는 영어권 국가에서 살아 본 적이 없고 대학생이 돼
서야 교환학생으로 독일에서 잠깐 지냈습니다. 제 생각엔 어
렸을 때부터 자연스럽게 외국어를 접하는 게 중요한 거 같아
요. 저는 영어를 전공하신 어머니께 영어를 배웠는데 어머니
는 초등학교 때부터 영어 애니메이션을 보여 주셨어요. 계속
해서 영어에 노출되다 보니 상당히 도움이 됐지요. 좀 커서는
영어 뉴스를 들었고요.

사실 돌이켜 보면 고등학교 시절 대학입시 준비할 때가 가장
영어를 잘했던 거 같아요. 대학에 와서는 다른 공부를 많이
해야 하니 영어만 집중적으로 하기는 어려웠고 끌어올린 실
력을 유지하는 데 주안점을 두었습니다. 제 경우에는 학교 수
업을 많이 활용했는데요, 특히 학교 영어 회화수업을 많이 들
었어요. 또 한국에 온 교환학생과 매칭 해주는 학교 프로그램
을 활용해 일상생활에서 영어를 계속 쓰려고 노력했습니다.

제가 선택한 제2외국어가 독일어인데 대학에 와서 여러 해외
연수 프로그램을 통해 실력이 많이 늘었습니다. 특히 교환학
생으로 독일 베를린에 갔을 때 현지에서 독일어 강좌를 듣고

과목을 마칠 때마다 소논문을 작성하기도 하면서 쓰기 실력이 많이 늘었습니다. 또, 자격증 시험을 위해서 열심히 공부하기도 했고요. 요즘엔 핸드폰 어플리케이션으로 현지 방송을 접하고 있지요. 영어의 경우에는 고등학교 때 토플을 준비하면서 자연스레 쓰기 공부를 했죠. 영어로 에세이를 쓰고는 외국에 계신 친척에게 평가를 부탁하기도 하고 인터넷에서 체크 해 주는 사이트를 이용하기도 했습니다.

"최대한 많이, 자주 반복하는 게 유일한 길"

남1 어릴 때부터 학원에 다니며 영어를 배웠어요. 초등학교 3, 4학년 때부터 꾸준히 다녔습니다. 또 집에서 아버지께서 영어방송AFN 을 계속 틀어 놓으신 것도 도움이 됐고요. 저도 미국 드라마, 특히 〈Friends〉를 즐겨 봤습니다. 또 학창 시절 외국 생활을 하는 동안 한국인 친구가 없는 곳에 있다 보니 같은 기간 동안 체류하던 다른 한국 친구들보다 제가 훨씬 영어를 잘하게 된 거 같아요.

제2외국어인 스페인어는 제 대학 전공이기도 한데, 자격증 시험 준비도 했고 항상 팟캐스트를 들으며 계속 중얼중얼 따라 하기도 하고 일기도 씁니다. 외국어는 최대한 많이, 자주 반복해서 노출하는 게 유일한 길이 아닌가 해요. 한국에서는 그게 좀 더 어렵긴 하지만 그래도 하고자 한다면 방법은 많이 있는 거 같아요. 'information'보다 'attention'이 중요하다는 말이 있는데 결국 어떤 방법이 본인에게 좋은지를 찾아서 꾸준히 하는 게 최선일 겁니다.

일기 쓰기도 도움이 많이 되죠. 외국어 공부는 많이 쓰고 읽는 것
만큼 좋은 게 없는 거 같아요. 저는 애거사 크리스티 추리소설을
많이 읽었어요. 활용도가 높은 깔끔하고 다양한 표현들이 많이
나오는데 줄을 치며 읽다 보면 책이 다 새카매질 정도였죠.

남2　저도 사실 어머니 덕을 많이 봤습니다. (웃음) 어머니께
서 영어학원 다니는 비용은 얼마든지 지원하시겠다고 하셔서
대학 다니며 영어학원을 꾸준히 다닐 수 있었습니다. 통번역
대학원 입학준비 수업을 주로 들었는데, 열심히 시험 준비를
하는 사람들을 보면서 자극을 받았지요. 또 읽기, 쓰기, 듣기,
말하기를 동시에 배울 수 있는 점이 장점이었던 거 같아요.

제가 시험을 준비하던 때가 27세에서 28세로 넘어가던 시점
이었는데요. 당시에도 영어와 제2외국어에 있어서 이 시험을
준비하는 다른 학생들보다 많이 뒤떨어지지는 않겠다는 생각
을 했습니다. 학창 시절 외국에서 산 경험은 없었지만, 대학교
재학 때 교양수업도 듣고 학원도 지속적으로 다니면서 영어
공부를 계속해 왔거든요.

제일 중요한 건 꾸준히 능동적으로 공부하는 것이라 생각해
요. 자신이 능동적으로 안 하면 산만해지고 핑계가 생겨서 안
돼요. 요즘은 원어민과 1:1 대화가 비용도 저렴하고 많이들
이용하는 방법이거든요. 매일 정해진 시간에 30분 동안 전화
영어를 꾸준히 합니다.

'영어 쓰기'는 우선 내가 어떻게 하면 잘 쓸지를 고민해야 하고 교정해 줄 수 있는 사람에게 도움을 받는 게 필요합니다. 대학 때는 영어과 석사과정에 있는 친구에게 1주일에 글 하나씩 첨삭해 달라고 부탁하기도 했고요. 외교부에 들어와서도 주말이면 통번역 학원에 가서 수업을 듣습니다. 수준도 높고 집중적으로 물어볼 수도 있어서 저에겐 도움이 많이 됩니다.

제2외국어는 대학교 때 취미로 시작했는데 자격증 시험을 보면서 실력이 향상됐던 거 같아요. 마침 관련 부서에 들어와서 면담 때마다 배석하며 스페인어 사용 기회를 늘려 가고 있지요. 언어는 무엇보다 능동적인 것이 중요해요. 그런 환경을 만들어야죠.

국립외교원 외교관 후보자 과정

외교관후보자 선발시험에 합격해도 또 다른 큰 관문이 남아 있지요. 국립외교원에서 1년간 외교관후보자 정규과정을 마쳐야 진짜 외교관이 되는 건데요. 그 과정도 만만치 않다고 들었습니다.

국립외교원 외교관후보자 정규과정의 평가제도는 2017년 12월 외무공무원법 일부 개정에 따라 교육생 중 일부를 반드시 탈락시켜야 하는 상대평가 방식에서 일정 점수 이상을 취득하면 되는 절대평가 방식으로 바뀌었다.

여1 많은 동기가 고시를 1년 더 준비하는 기분이라고 하더라고요. 직장인으로 치면 업무시간 내내 수업을 듣는 셈인데, 그러고도 밤 11~12시까지 남아서 각자 공부해야 했거든요.

주말도 물론이고요. 정규시험 준비뿐 아니라 각 수업의 과제로 1주일에 수천 페이지가 넘는 자료를 읽어야 했어요. 수업을 따라가는 거 자체가 힘든 일이기 때문에 혼자 감당해야 했다면 엄청 버거웠을 거예요. 다행히 이 과정을 함께하는 사람들이 있어서 버틸 수 있었어요.

남2 1년 동안 교육받으면서 스트레스를 많이 받는 동기들이 있더라고요. 저는 일단 1년이 긴 시간이니까 스트레스에 지치면 안 되겠다고 생각했습니다. 어떻게 하면 안 지칠까 생각하다 보니 외교관후보자 시험처럼 엄청난 경쟁이 있는 것도 아니고, 잘 따라가기만 하면 될 것 같더라고요. 그래서 1년 동안 여기서 1등, 2등을 하자가 아니라 '이 정도면 꼴찌는 아닐 거야.'라는 마음으로 편하게 했습니다.

남1 저는 빡빡한 스케줄에 끌려가다 보니 1년이 지나간 것 같았어요. 무슨 전략을 세울 겨를도 없었죠. 수천 페이지에 달하는 과제도 제대로 마무리하기가 힘들었고요. 간신히 그 기간을 보낸 것 같습니다.

앞으로의 포부, 그리고 외교관을 꿈꾸는 이들에게 하고 싶은 말

끝으로, 외교관으로서 앞으로의 포부 한마디를 부탁드리겠습니다. 외교관을 꿈꾸는 사람들에게 하고 싶은 말도 덧붙여 주시면 좋겠습니다.

여1 주변에서 이런 조언 많이 해주셨는데요. 직업을 꿈으로 갖지 말란 거였습니다. '그 직업을 가진 어떤 사람이 되고 싶은지'를 목표로 삼으라는 거지요. 1차적으로 외교관이 되는 목표는 이뤘지만, 되고 나니 '내가 정말 무엇을 하고 싶은가, 어떤 외교관이 되고 싶은가'를 고민하게 되더라고요. 사실 그 고민은 지금도 진행 중입니다. 지금까지의 생각은 우리 외교부 특성상 여러 분야에서 다양한 일을 경험하고 또 짧은 기간에 많은 양의 업무를 소화해야 하는데, 이렇게 변화하는 환경 속에서도 지치지 않고 그때그때 적응하면서 항상 공부하는 외교관이 되면 좋겠다고 생각하고 있습니다.

남1 우리나라가 언젠가는 통일이 될 텐데 그 통일을 이루는 데 가까운 현장에서 도움이 되고 싶다는 바람이 있습니다. 아직 우리 국민이 '우리나라는 작은 나라'라는 인식을 가지고 있는 것 같습니다. 제가 앞으로 30여 년 외교관으로 일하면서 국민들이 그런 의식을 더 이상 가지지 않을 정도로 잘사는 나라가 됐으면 좋겠고, 그런 나라가 되는 데 제가 일조할 수 있기를 바랍니다.

여2 외교관으로 들어오면 바로 5급 공무원으로서 정부조직의 허리 역할을 해야 하잖아요. 그러한 부담감은 있지만, 차근차근 역량을 잘 갖춰서 기대에 잘 부합하는 일 잘하는 사람이 되고 싶습니다. 초등학교, 중학교 시절부터 꿈을 갖고 그것을 이루기 위해 준비하고 노력하는 것은 매우 중요하다고 생각해요. 그 과정에서 배우는 것이 분명히 있으니까요. 외교관의 꿈을 이루기 위해 여러 태도와 역량을 갖춘다면 설령 나중에 외교관이 되지 않더라도 어떤 직업이든 다 잘 해낼 수 있을 것이라 생각합니다.

남2 외교관이 되고 나니 생각했던 것보다는 전례 등 행정 부분을 많이 신경 써야 하는 한계도 있는 것을 느낍니다. 이럴수록 제가 외교관이 되어야겠다고 결심한 그때의 초심을 잃지 않으려고 합니다. 단순히 일 잘하는 외교관을 넘어서 우리나라의 파이를 넓히는 데 기여 하는, 도전정신과 포부를 가진 외교관이 되는 것이 제 가슴속의 목표입니다.

외교용어
알아보기

외교관계에 관한 비엔나협약

외교관계에 관한 비엔나협약Vienna Convention on Diplomatic Relations은 1961년 성립된 국제 조약으로 국가 간 외교 관계의 큰 틀을 정하고 있다. 외교관계에 관한 비엔나협약은 외교관계의 수립과 상주공관의 설치, 외교공관 및 그 권한, 공관장 및 공관원, 대사의 임명과 아그레망 요청, 대사의 파견, 공관장의 직무개시 시기, 외교관의 특권과 면제 등에 관하여 규정하고 있다. 영사에 관해서도 1963년 국제조약으로 '영사관계에 관한 비엔나 협약Vienna Convention on Consular Relations'이 별도로 채택되었다.

아그레망

상대국이 호감을 갖지 않은 사람을 대사로 임명하면 원활한 업무수행에 차질이 우려된다. 이에 대사를 파견하기 전에 상대국의 수락여부를 문의하고 동의가 있어야 대사를 공식적으로 임명한다. 이 사전동의를 아그레망agrément이라고 한다. 파견국은 자국의 외교사절을 자유롭게 임명할 권한이 있지만 접수국은 그것을 거부할 수 있다. 접수국이 동의를 거부하는 경우에 그 이유를 제시할 필요가 있는지의 여부에 대해 비엔나협약에는 이유를 제시할 의무가 없다고 규정하고 있다.

페르소나 논 그라타

'페르소나 논 그라타Persona non grata, 라틴어'는 '환영할 수 없는 인물' '기피인물'이라는 뜻의 외교용어이다. 외교관계를 맺고 있는 나라가 수교국이 파견한 외교관을 언제든 '페르소나 논 그라타'로 선언할 수 있다. 그 이유를 밝힐 필요도 없다. 이 경우, 파견국은 자국의 해당 외교관을 소환하는 것이 관례이다. 해당 외교관은 주재국이 정한 시간 내에 그 나라를 떠나야 한다. 파견국이 해당 외교관의 소환을 거부하면 접수국은 그의 외교관 신분을 인정하지 않고 면책특권을 박탈할 수 있다.

신임장

신임장Letter of Credence은 외교사절을 파견하는 국가의 원수가 외교사절을 접수하는 국가원수에게 사절임명을 정식으로 통고하는 공문서이다. 신임장의 형식이나 내용에 대하여 국제법상의 특별한 규칙이 없다. 그러나 대체로 사절의 임명 통지와 일반적인 임무를 기술하며, 그 사절이 국가원수나 본국 정부를 대표하는 말을 신임해 줄 것을 바라는 내용을 기재하는 것이 보통이다. 외교사절은 정본正本과 부본副本의 신임장을 휴대하여 먼저 부본을 접수국 외무부에 제출하고, 그 다음 국가원수에게 정본을 직접 제출한다. 이를 신임장 제정이라고 한다. 대사의 공식적인 직무수행은 신임장을 제정한 후에 시작한다.

외교관의 특권면제

외교관은 일반 외국인과 달리 접수국에서 특권과 면제를 향유한다. 특권은 신체의 불가침, 외교공관의 불가침, 서류와 문서, 통신의 불가침을 포함한다. 접수국은 외교공관을 보호하기 위해 적절한 조치를 취할 특별한 의무를 진다. 면제는 재판관할권과 과세로부터의 면제를 의미한다. 외교관에게 특권과 면제를 인정하는 이유는 외교관의 개인적 이익을 보호하기 위해서가 아니라 국가를 대표하는 직무의 효율적 수행을 보장하기 위함이다. 따라서 특권과 면제는 외교관 개인의 권리가 아니라 그를 파견한 국가의 권리이다. 외교관은 개인적으로 특권과 면제를 포기할 수 없고 본국만이 포기할 수 있다.

외교적 보호, 비호권

외교적 보호diplomatic protection란 자국민이 외국에서 권리침해를 받았을 때, 국가가 자국민의 권리를 보호하기 위해 국제법상 권리를 행사하는 행위를 말한다. 비호권right of asylum은 국제법상 외국의 정치범·피난자 등 보호를 요구하는 자를 비호할 국가의 권리를 말한다. 비호권에는 국가가 자국영역 안에서 외국인에게 부여하는 영토적 비호권과, 외교공관이 도망자를 숨겨 주는 외교적 비호권이 있다.

EPILOGUE

'코이'라는 잉어가 있다. 코이는 작은 어항에 넣어두면 5~8 cm밖에 자라지 않지만, 큰 수족관이나 연못에 넣어두면 15~25cm까지 자라고 강물에 방류하면 90~120cm까지 자란다. 같은 물고기인데도 살아가는 환경에 따라 성장의 크기가 달라지는 이 현상을 '코이의 법칙'이라고 한다. 사람도 살아가는 환경이 중요하다. 큰물에서 놀아야 꿈도 커지고 역량도 100% 발휘할 수 있다. 한 번뿐인 소중한 나의 삶이다. 눈을 세계로 돌려보자. 훨씬 더 많은 기회가 보일 것이다.

외무고시에 몇 번 실패하자 중소기업에 잠시 몸을 담았었다. 어느 날 문득 30년 후의 나의 모습이 어떨지 상상해보다 머릿속이 뭔가에 맞은 것처럼 정신이 번쩍 들었다. 바로 사직서를 썼고 이듬해 외교관이 되었다. 33년 일하는 동안 나는 한순간도 외교관이 된 것을 후회해본 적이 없었다. 오히려, 외교관의 길을 걷지 않았다면 과연 나의 삶이 어땠을까 생각하며 내 길을 잘 선택했다는 확신이 들었다. 남들보다 어려움을 많이 겪기도 했지만, 그러한 고난과 역경은 오히려 나를 단련시키고 국가를 위해 일하는 보람을 일깨워주곤 했다. 치열한 외교현장에서 대한민국의 국익을 위하여 나는 최선을 다했다고 자신 있게 말할 수 있다. 외교관으로서 가졌던 소명의식과 자긍심은 유네스코UNESCO 일을 할 때도 계속 이어졌다. 4년 동안 국제기구 일을 하면서 아프리카로부터 서남아시아, 남태평양, 중남미에 이르기까지 가난으로 고통받는 개도국들을 누볐다. 한국이 경험했듯이 교육만이 유일한 희망이라는 신념으로 희망의 씨앗을 심어주는 일에 매진했다. 외교관의 삶을 살지 않았다면 누리기 어려웠을 축복의 시간이었다.

평생 외교관의 삶을 산 사람으로서 젊은이들에게 꼭 들려주고픈 말이 있다. 늘 꿈꾸고 새로운 도전을 멈추지 말라는 말이다. 외교관의 길이 어쩌면 힘들고 어렵기만 한 여정으로 비칠 수도 있다. 인생이라는 저울에서 현실의 무게는 때로 꿈보다 훨씬 무거울 수도 있다. 하지만 파도가 없는 바다는 없다. 나는 젊은이들이 지닌 무한한 가능성을 믿는다. 자신을, 그리고 스스로의 꿈을 소중히 여기기 바란다. 여러분이 뜨거운 신념과 사명감으로 미래의 꿈을 가슴에 품는다면, 대한민국과 더 나아가 인류를 바꾸는 멋진 도전이 될 것이다. 자신의 가능성에, 그리고 세계를 향한 꿈에 도전하기 바란다.

나는 대한민국 외교관입니다

초판 1쇄 발행 2024년 1월 19일
초판 2쇄 발행 2024년 5월 31일

글 민동석
발행인 채종준

출판총괄 박능원
책임편집 구현희
디자인 김예리
마케팅 안영은
전자책 정담자리
국제업무 채보라

브랜드 크루
주소 경기도 파주시 회동길 230(문발동)
투고문의 ksibook13@kstudy.com

발행처 한국학술정보(주)
출판신고 2003년 9월 25일 제406-2003-000012호
인쇄 북토리

ISBN 979-11-6983-877-1 03040

크루는 한국학술정보(주)의 자기계발, 취미, 예술 등 실용도서 출판 브랜드입니다.
크고 넓은 세상의 이로운 정보를 모아 독자와 나눈다는 의미를 담았습니다.
오늘보다 내일 한 발짝 더 나아갈 수 있도록, 삶의 원동력이 되는 책을 만들고자 합니다.